Investir dans l'Or

Pour les Débutants

Gabriel Massias

Investir dans l'Or

Pour les Débutants

Protégez votre Patrimoine contre l'Inflation, Gagnez de l'Argent et Diversifiez vos Placements avec des Stratégies Simples et Efficaces

The 3M Bros Company

Clause de non-responsabilité :

Les informations contenues dans ce livre sont uniquement à des fins éducatives et informatives. L'auteur et l'éditeur ne garantissent pas que les stratégies décrites produiront des résultats pour tous les lecteurs. Il est important de comprendre que les résultats dépendent de nombreux facteurs tels que le secteur d'activité, la concurrence, l'économie et d'autres facteurs externes. En conséquence, l'auteur et l'éditeur ne peuvent être tenus responsables de tout dommage ou perte subie en relation avec l'application des informations contenues dans ce livre.

Je tiens à exprimer ma gratitude à mon oncle Roland, qui a toujours été un mentor et un guide pour moi. Son soutien et ses conseils ont été inestimables pendant la rédaction de ce livre.

Je suis fier de pouvoir partager ces connaissances avec vous et je suis convaincu que les informations présentées vous aideront à prendre le contrôle de votre avenir financier.

Merci encore, Roland, pour ta contribution à mon développement !

Sommaire

POURQUOI EST-CE QUE VOUS AVEZ BESOIN DE CE LIVRE ?

L'or. Un mot si simple, mais qui évoque tant d'émotions, de rêves et d'aspirations. Pour certains, l'or est un symbole de richesse et de prospérité, pour d'autres, il représente la sécurité et la stabilité.

Investir dans l'or semble complexe, voire intimidant, surtout si l'on ne connaît pas les mécanismes qui régissent ce marché. Mais, avez-vous déjà rêvé de la liberté que pourrait vous offrir un revenu supplémentaire, généré non pas par le fruit de votre labeur, mais par votre or, qui travaillerait pour vous nuit et jour ?

Si vous êtes prêt à sortir de votre zone de confort et à investir dans votre avenir, alors ce livre est le compagnon idéal pour votre voyage !

Mon histoire avec l'or a commencé quand j'étais encore jeune. À cette époque, je pensais naïvement que le secret d'une vie financière réussie résidait simplement dans le travail acharné et l'épargne. Pourtant, au fil du temps et des expériences, j'ai compris que cette stratégie, bien que louable, ne me mènerait pas à l'indépendance financière que je convoitais.

Ce fut lors d'un dîner de famille que mon regard sur l'or a complètement changé. Mon oncle Roland, un investisseur chevronné dont la réussite financière était indéniable, a partagé son histoire avec moi. Il a attribué une partie de sa fortune à ses investissements judicieux dans l'or.

Il m'a raconté avec passion comment il avait transformé son premier salaire en une véritable mine d'or, en comprenant tôt l'énorme potentiel que représentait ce métal précieux pour la conservation et l'augmentation de la richesse.

Son histoire a piqué ma curiosité et m'a poussé à explorer le monde de l'or. J'ai commencé à faire des recherches, à lire des livres, à assister à des séminaires et à apprendre petit à petit comment utiliser l'or comme véhicule d'investissement. Avec le temps, j'ai mis en place mes propres stratégies d'investissement et j'ai commencé à voir mes premiers retours sur investissement.

C'est là que j'ai compris le rôle clé de l'or dans la création et la préservation de la richesse. C'est pourquoi je suis aujourd'hui un fervent défenseur de l'investissement dans l'or et que je suis enthousiaste à l'idée de partager mes connaissances avec vous.

Mais ne vous méprenez pas, mon parcours n'a pas été sans embûches. Comme pour toute aventure, le voyage vers la liberté financière par l'investissement dans l'or est semé de défis. J'ai dû faire face à mes peurs, sortir de ma zone de confort et, surtout, apprendre de mes erreurs.

J'ai commencé à investir progressivement, à étudier le marché, à comprendre la fluctuation des prix de l'or et à apprendre à lire les signaux économiques. J'ai réalisé que diversifier mes placements, non seulement en investissant dans l'or physique, mais aussi dans les actions de sociétés minières et les fonds négociés en bourse (ETF) liés à l'or, était la clé pour réduire les risques et maximiser les rendements.

Aujourd'hui, je souhaite partager avec vous mes réussites mais aussi mes échecs, afin que vous puissiez vous lancer dans l'investissement dans l'or avec une longueur d'avance.

Ce livre n'est pas un manuel, mais plutôt un guide qui vous aidera à naviguer dans le monde fascinant de l'or. Le secret d'un bon investisseur réside dans sa capacité à apprendre en permanence et à s'adapter aux changements.

À l'âge de 34 ans, je peux dire avec fierté que j'ai réussi à créer une source de revenus passifs et à sécuriser une partie de mon patrimoine grâce à mes investissements dans l'or.

Je suis ravi de partager avec vous cette expérience à travers ce livre, en espérant que mon histoire vous inspirera et vous aidera à atteindre vos propres objectifs financiers.

Il est temps de prendre le contrôle de votre avenir financier... Êtes-vous prêt à passer à l'action et à découvrir le pouvoir de l'or ?

Votre avis compte !

Une fois que vous aurez fini ce livre, partagez votre avis.

Votre retour d'expérience sera utile pour les futurs lecteurs.

Je suis impatient de voir comment ce livre a eu un impact sur vous.

Merci d'avance pour votre contribution et bonne lecture !

PARTIE 1 : LES FONDAMENTAUX DE L'INVESTISSEMENT EN OR

"Il n'est de forteresse qu'un âne chargé d'or ne puisse approcher."

Plutarque

CHAPITRE 1 :

L'OR : HISTOIRE ET RÔLE DANS L'ÉCONOMIE

A. L'OR À TRAVERS L'HISTOIRE

Métal sacré, symbole divin

L'or, du latin aurum, évoque l'aurore et la couleur du soleil levant.

Métal sacré, symbole divin, séducteur inégalé, il a de tous temps été pour les hommes un éblouissement dès qu'ils en découvrirent les pépites scintillantes dans les eaux des rivières, ou sous la gangue du minerai.

S'il est synonyme de fortune, il reste aussi lié à l'existence des dieux et aux rites de leurs cultes.

Très tôt sa valeur fût symbolique puisque le métal étant très mou, il ne pouvait pas être utilisé dans la fabrication d'outils ou de pointes de flèches pour la chasse. Sa couleur soleil, sa brillance en firent le métal par excellence pour les bijoux.

Et l'Homme l'apprivoisa

Facilement travaillable, l'Homme put lui donner de nombreuses formes et ainsi l'apprivoisa en donnant libre cours à son imagination.

Inaltérable à l'air et à l'eau, et également aux acides à basse température, associée au soleil, et utilisé pour la parure depuis la nuit des temps, dans toutes les civilisations, l'or, métal magique, précieux par excellence, conserve intact aujourd'hui encore son pouvoir d'attraction et de fascination.

Les premières utilisations de l'or

L'or a toujours été apprécié pour sa beauté et sa rareté. Dès l'Antiquité, diverses civilisations ont utilisé l'or comme monnaie et ornements. Les Égyptiens, par exemple, étaient fascinés par l'or et le considéraient comme un symbole de pouvoir et de richesse. Ils extrayaient l'or et l'utilisaient pour fabriquer des bijoux et des objets funéraires destinés aux pharaons.

Les Romains étaient également de grands utilisateurs d'or. Ils ont introduit l'aureus, une pièce d'or qui est devenue la monnaie standard de l'Empire romain.

L'or a également joué un rôle crucial dans les civilisations grecques, perses et chinoises, où il était utilisé pour fabriquer des objets d'art, des bijoux et des monnaies.

L'étalon-or : quand l'or soutenait la valeur des monnaies

L'étalon-or est un système monétaire dans lequel la valeur d'une monnaie est directement liée à une quantité spécifique d'or. Ce système a été largement adopté au XIXe siècle et a perduré jusqu'à la première moitié du XXe siècle. Sous l'étalon-or, les gouvernements s'engageaient à échanger leur monnaie contre une quantité fixe d'or sur demande. Ainsi, la valeur de la monnaie était garantie et permettait une stabilité des taux de change entre les pays.

L'étalon-or a connu son apogée à la fin du XIXe et au début du XXe siècle, lorsque la plupart des pays industrialisés l'ont adopté pour faciliter le commerce international et garantir la valeur de leur monnaie.

L'abandon de l'étalon-or

L'étalon-or a été abandonné progressivement au cours du XXe siècle. Les raisons de cet abandon sont multiples. La Première Guerre mondiale a contraint de nombreux pays à suspendre temporairement l'étalon-or pour financer leurs dépenses militaires.

Par la suite, la Grande Dépression de 1929 a provoqué une crise économique mondiale qui a entraîné une perte de confiance dans l'étalon-or et a conduit à son abandon par la plupart des pays.

Depuis, les pays sont passés à des systèmes monétaires fiduciaires, où la valeur de la monnaie n'est plus soutenue par l'or, mais repose sur la confiance envers les institutions monétaires et la gestion économique des gouvernements. Dans ce système, les banques centrales ont la responsabilité de contrôler la masse monétaire et de maintenir la stabilité des prix.

L'abandon de l'étalon-or a également donné plus de flexibilité aux gouvernements pour gérer leurs économies, en leur permettant de mettre en œuvre des politiques monétaires et budgétaires plus adaptées à leurs besoins spécifiques. Toutefois, ce changement a également entraîné des risques, tels que l'inflation et les fluctuations des taux de change, qui ont des impacts sur la valeur de la monnaie et, par conséquent, sur la richesse des individus et des nations...

Bien que l'étalon-or ne soit plus en vigueur, l'or continue de jouer un rôle important dans l'économie mondiale. Les banques centrales détiennent encore de grandes quantités d'or en réserve pour renforcer la confiance dans leurs monnaies. De plus, l'or est toujours considéré comme une réserve de valeur et un actif refuge en période d'incertitude économique et géopolitique.

En résumé, l'histoire de l'or montre qu'il a toujours été un élément précieux et recherché, que ce soit comme monnaie, symbole de pouvoir ou investissement. Bien que les systèmes monétaires aient évolué, l'or continue d'avoir un impact significatif sur l'économie et reste un choix d'investissement populaire pour de nombreuses personnes à travers le monde.

B. L'OR EN TANT QUE RÉSERVE DE VALEUR

Des propriétés uniques et de la rareté

L'or est considéré comme une réserve de valeur stable en raison de ses propriétés uniques et de sa rareté.

Utilisé comme un moyen de stocker la richesse depuis des milliers d'années, il continue d'être un choix d'investissement populaire. Voici les raisons pour lesquelles l'or est considéré comme une réserve de valeur stable, notamment en temps de crise économique et d'inflation.

Rareté et durabilité

L'or est un métal rare, ce qui en fait une ressource précieuse. De plus, il ne se corrode pas et peut être conservé pendant de longues périodes sans perdre de sa valeur. Ces caractéristiques font de l'or un actif attrayant pour conserver la richesse sur le long terme.

Selon les estimations des géologues, la quantité totale d'or extrait depuis le début de l'histoire de l'humanité représente environ 190 000 tonnes. Bien que cette quantité puisse sembler importante, si tout l'or extrait était rassemblé, il formerait un cube d'environ 21 mètres de côté. Pour mieux visualiser cette quantité, imaginez un terrain de basket : un cube d'or de cette taille tiendrait à peine au milieu du terrain !

En outre, les experts estiment que la quantité d'or encore à découvrir sous terre est de seulement 50 000 à 70 000 tonnes. Compte tenu de la demande croissante d'or et de la difficulté à découvrir de nouveaux gisements, la rareté de l'or devrait logiquement augmenter avec le temps !

Indépendance vis-à-vis des monnaies

La valeur de l'or n'est pas liée à une monnaie spécifique ou à la performance économique d'un pays. Ainsi, l'or sert de couverture contre les fluctuations des monnaies fiduciaires et les risques économiques associés.

Pendant la crise économique mondiale de 2008, de nombreux pays ont subi une récession, avec une chute significative de la valeur de leurs monnaies. Par exemple, de 2007 à 2009, la valeur du dollar américain a chuté de manière significative par rapport à d'autres monnaies, comme l'euro.

Toutefois, pendant la même période, le prix de l'or a augmenté. Alors que les investisseurs perdaient confiance dans les monnaies fiduciaires et les marchés financiers, ils se sont tournés vers l'or comme une valeur refuge. Entre 2007 et 2011, le prix de l'or a presque triplé, passant d'environ 700 $ l'once à un sommet historique de près de 1 900 $ l'once en 2011.

Cet exemple montre que la valeur de l'or évolue souvent de manière indépendante par rapport aux monnaies fiduciaires et aux performances économiques des pays. Ainsi, l'or offre une protection contre les fluctuations monétaires et les risques économiques, en maintenant sa valeur même lorsque les monnaies fiduciaires perdent du terrain !

Protection en période de crise

L'or est souvent considéré comme une protection contre l'inflation, car sa valeur tend à augmenter lorsque le niveau général des prix augmente. En période d'inflation, les monnaies fiduciaires perdent de la valeur, tandis que l'or conserve sa valeur réelle. On parle alors de valeur intrinsèque.

Les investisseurs se tournent souvent vers l'or pour préserver leur pouvoir d'achat lorsqu'ils anticipent une hausse de l'inflation.

Voici les raisons fondamentales pour lesquelles l'or est une protection contre l'inflation

- Rareté : L'une des principales raisons pour lesquelles l'or est considéré comme une protection contre l'inflation est sa rareté. Comme expliqué précédemment, la quantité d'or disponible est limitée. Lorsque l'inflation augmente, la valeur des monnaies fiduciaires diminue, tandis que la demande d'actifs tangibles et rares, comme l'or, augmente.

- Indépendance des monnaies fiduciaires : L'or n'est pas directement lié à une monnaie spécifique, ce qui signifie que sa valeur est moins susceptible d'être affectée par l'inflation d'une monnaie particulière. Contrairement aux monnaies fiduciaires, dont la valeur peut être érodée par la création excessive de monnaie par les banques centrales, l'or est très souvent protégé des effets inflationnistes.

- Historique de préservation de la valeur : L'or a démontré sa capacité à préserver sa valeur au fil du temps. Même dans des contextes historiques où l'inflation était élevée, l'or a souvent réussi à maintenir ou à augmenter sa valeur réelle, offrant ainsi une protection à ceux qui le détiennent.

- Perception des investisseurs : Les investisseurs considèrent généralement l'or comme un actif refuge en période d'incertitude économique et d'inflation. Cette perception renforce la demande d'or en période d'inflation, ce qui contribue à soutenir sa valeur.

Liquidité

L'or est un actif dont la liquidité varie en fonction de sa forme et de son marché. En général, l'or sous forme de pièces et de lingots est considéré comme moyennement liquide, car sa vente nécessite une certaine planification et la recherche d'un acheteur ou d'un marché approprié.

En revanche, la liquidité de l'or est plus élevée sous forme d'or papier, comme les actions de sociétés aurifères, les fonds négociés en bourse (ETF) adossés à l'or et les contrats à terme sur l'or, qui sont échangés sur des marchés financiers. Si tous ces termes ne vous disent rien, ne vous inquiétez pas nous allons voir tout cela en détail par la suite.

Le marché de l'or est actif et diversifié, avec une demande constante de la part des investisseurs, des banques centrales et des industries. Cette demande contribue à la liquidité de l'or dans une certaine mesure.

C. La demande et l'offre d'or

Demande d'or

Joaillerie

La joaillerie représente environ 50 % de la demande d'or à travers le monde. L'or est utilisé pour fabriquer divers types de bijoux, et cette demande est particulièrement élevée dans des pays tels que l'Inde et la Chine, où l'or est un élément culturel et traditionnel important.

Investissement

L'investissement dans l'or, sous forme de pièces, lingots, ETF et autres instruments financiers, représente environ 30 % de la demande mondiale d'or.

Technologie

L'or est utilisé dans de nombreux produits technologiques et industriels, notamment les composants électroniques, en raison de sa conductivité électrique et de sa résistance à la corrosion. La demande d'or pour la technologie représente environ 10 % de la demande mondiale.

Banques centrales

Les banques centrales détiennent de l'or en tant que réserve de valeur et pour renforcer la confiance dans leur monnaie. Cette demande représente environ 10 % de la demande mondiale d'or.

Offre d'or

Voici une liste mise à jour des plus grands pays producteurs d'or, basés sur les données de production minière d'or jusqu'en 2021 :

- Avec environ 368 tonnes d'or par an, la Chine est le plus grand producteur d'or au monde, représentant environ 11 % de la production mondiale d'or.

- L'Australie est le deuxième plus grand producteur d'or, avec une production annuelle d'environ 328 tonnes, soit environ 10 % de la production mondiale.

- La Russie produit environ 295 tonnes d'or par an, ce qui représente environ 9 % de la production mondiale d'or.

- Les États-Unis sont le quatrième plus grand producteur d'or, avec une production annuelle d'environ 200 tonnes, soit environ 6 % de la production mondiale.

- Le Canada produit environ 170 tonnes d'or par an, représentant environ 5 % de la production mondiale d'or.

- Le Pérou est un autre grand producteur d'or, avec une production annuelle d'environ 143 tonnes, soit environ 4,5 % de la production mondiale.

- Le Ghana est le plus grand producteur d'or en Afrique, avec une production annuelle d'environ 142 tonnes, soit environ 4,4 % de la production mondiale.

- Historiquement un géant de la production d'or, l'Afrique du Sud a vu sa production d'or diminuer ces dernières années. La production annuelle est d'environ 118 tonnes, soit environ 3,6 % de la production mondiale.

- Le Mexique produit environ 111 tonnes d'or par an, représentant environ 3,4 % de la production mondiale d'or.

- Le Brésil produit environ 107 tonnes d'or par an, ce qui représente environ 3,3 % de la production mondiale d'or.

Précision : ces chiffres sont approximatifs et varient d'une année à l'autre en fonction des conditions du marché, des découvertes de nouveaux gisements et des avancées technologiques.

D. LES FACTEURS INFLUENÇANT LE PRIX DE L'OR

Les taux d'intérêt

Le prix de l'or est généralement inversement lié aux taux d'intérêt. Quand les taux d'intérêt sont bas, l'or devient plus attrayant en tant qu'investissement, car les coûts d'opportunité de détenir de l'or sont réduits.

→ Lorsque les taux d'intérêt sont bas, les coûts d'opportunité de détenir de l'or sont réduits parce que le rendement des autres investissements est également faible.

Le coût d'opportunité est la différence entre le rendement d'un investissement et le rendement du meilleur investissement alternatif.

En d'autres termes, lorsque les taux d'intérêt sont bas, les investisseurs gagnent moins d'argent en plaçant leurs fonds dans des placements tels que les comptes d'épargne, les obligations, certaines actions, les certificats de dépôt, etc.

Dans cette situation, détenir de l'or devient plus attrayant, car le coût d'opportunité de ne pas investir dans ces autres placements est moins élevé. Les investisseurs sont donc plus enclins à détenir de l'or comme moyen de préserver leur richesse et de se protéger contre les fluctuations économiques, ce qui entraîne souvent une augmentation de la demande d'or et, par conséquent, une hausse de son prix.

À l'inverse, lorsque les taux d'intérêt augmentent, les investisseurs ont tendance à se tourner vers des actifs à rendement plus élevé, ce qui entraîne une baisse de la demande d'or et, par conséquent, une baisse de son prix.

L'inflation

Comme mentionné précédemment, l'or est souvent considéré comme une protection contre l'inflation. Lorsque l'inflation augmente, les investisseurs recherchent des actifs qui conservent leur valeur réelle, ce qui conduit à une hausse de la demande d'or et, par conséquent, une augmentation de son prix.

La demande et l'offre

Le prix de l'or est également influencé par l'équilibre entre la demande et l'offre sur le marché. Une demande accrue pour l'or, provenant par exemple de la joaillerie, des investissements ou des banques centrales, entraînera une hausse des prix si l'offre ne suit pas. Inversement, si l'offre d'or augmente et que la demande diminue, le prix de l'or baisse.

Le événements géopolitiques

Les événements géopolitiques et les incertitudes économiques mondiales influencent également le cours de l'or. En période de tensions géopolitiques ou d'instabilité économique, les investisseurs recherchent souvent des actifs sûrs pour protéger leur richesse, ce qui augmente la demande d'or et, provoque par conséquent, une hausse de son prix.

Un événement géopolitique ayant influencé le cours de l'or est la pandémie de COVID-19 qui a débuté en 2020. Face à l'incertitude économique mondiale provoquée par la pandémie, de nombreux pays ont cherché à renforcer leurs réserves d'or en tant qu'actif sûr et réserve de valeur.

Parmi ces pays, on trouve la Russie, la Chine, les États-Unis et l'Arabie Saoudite, mais aussi la Turquie, l'Inde, le Kazakhstan et la Pologne.

Ces achats massifs d'or par les banques centrales ont contribué à une augmentation de la demande d'or, et une hausse significative de son prix...

En 2020, le prix de l'or a atteint un niveau record, dépassant les 2 000 $ l'once pour la première fois de l'histoire. Cet exemple illustre comment les événements géopolitiques et les incertitudes économiques mondiales influencent le cours de l'or.

CHAPITRE 2 :

LES DIFFÉRENTES FORMES D'INVESTISSEMENT EN OR

1. PIÈCES D'OR : TYPES, AVANTAGES ET INCONVÉNIENTS

Les types de pièces d'or

Les pièces d'or sont des pièces frappées en or par diverses institutions monétaires du monde entier. Elles sont généralement disponibles en différentes tailles et poids, allant de 1/10 d'once à 1 once d'or.

Qu'est-ce que l'once ?

L'once est une unité de mesure de masse utilisée principalement pour peser les métaux précieux tels que l'or, l'argent et le platine. Une once troy, l'unité de mesure la plus couramment utilisée pour les métaux précieux, équivaut à environ 31,1035 grammes. Cette unité de mesure trouve ses origines dans l'Empire romain et a été adaptée au fil du temps.

→ L'once troy a été créée pour faciliter le commerce des métaux précieux en établissant une unité de mesure standard, permettant ainsi aux investisseurs, aux marchands et aux institutions monétaires de comparer et d'échanger facilement ces métaux.

En tant qu'investisseur, il est important de comprendre la mesure en once troy pour pouvoir évaluer et comparer les différentes options d'investissement en métaux précieux. Les prix des métaux précieux sont généralement indiqués en dollars par once troy sur les marchés financiers, et les produits tels que les pièces et les lingots d'or sont souvent vendus en fractions d'once troy (par exemple, 1/10, 1/4, 1/2 ou 1 once). En connaissant la mesure en once troy, les investisseurs peuvent calculer le coût total d'un investissement en métaux précieux et déterminer s'il correspond à leur budget et à leurs objectifs financiers.

Parmi les pièces d'or les plus populaires et reconnues, on trouve :

- L'American Gold Eagle
- Le Krugerrand sud-africain
- Le Maple Leaf canadien
- Le Philharmonique autrichien
- Le Britannia britannique

Ces pièces sont généralement frappées avec une pureté d'or de 22 ou 24 carats.

Les avantages des pièces d'or

- Liquidité : Les pièces d'or sont faciles à acheter et à vendre en raison de leur popularité et de leur reconnaissance mondiale. En tant qu'investisseur vous pouvez les vendre assez rapidement en cas de besoin.
- Pureté garantie : Les pièces d'or émises par les institutions monétaires officielles ont une pureté et un poids garantis, ce qui assure la qualité de l'investissement. Ne prenez pas le risque de vous faire avoir en achetant une pièce sur le marché noir ou une pièce qui n'est même pas en or...

Malheureusement, ce genre d'incident arrive encore à des investisseurs débutants.

- Flexibilité : Les pièces d'or offrent une plus grande flexibilité pour les investisseurs, car elles sont disponibles en différentes tailles et poids, permettant un investissement adapté à tous les budgets.

- Collection : Les pièces d'or sont souvent collectionnées pour leur valeur numismatique et leur design, en plus de leur valeur intrinsèque. Tout comme le vin, les voitures de collection ou les montres de luxe, l'investissement dans les pièces d'or peut être considéré comme un investissement plaisir. Les investisseurs et les collectionneurs apprécient non seulement la valeur financière de ces pièces, mais également leur beauté artistique, leur histoire et leur rareté. En conséquence, certaines pièces d'or peuvent acquérir une valeur supplémentaire en tant qu'objets de collection, au-delà de leur simple valeur en or.

La valeur numismatique

→ La valeur numismatique est la valeur attribuée à une pièce de monnaie en raison de son intérêt historique, de sa rareté, de son état de conservation et de sa demande parmi les collectionneurs, plutôt que de sa teneur en métal précieux.

En d'autres termes, la valeur numismatique est la valeur ajoutée que les collectionneurs et les investisseurs sont prêts à payer pour posséder une pièce spécifique en raison de ces facteurs distinctifs. Cette valeur est souvent supérieure à la valeur intrinsèque de la pièce, qui est déterminée par la quantité de métal précieux qu'elle contient.

Les inconvénients des pièces d'or

- Primes : les pièces d'or sont généralement vendues avec une prime par rapport au cours de l'or, en raison des coûts de fabrication, de distribution et de commercialisation. Cette prime réduit la rentabilité de l'investissement. Rassurez-vous, nous verrons tout à l'heure comment comprendre et calculer la prime afin d'être le plus rentable possible.

- Frais de stockage : les pièces d'or nécessitent un stockage sécurisé, ce qui entraîne souvent des frais supplémentaires pour les investisseurs.

- Volatilité numismatique : la valeur numismatique d'une pièce d'or, qui dépend de sa rareté et de son état de conservation, est sujette à des fluctuations, ajoutant un élément de risque à l'investissement.

B. LINGOTS ET LINGOTINS D'OR : TYPES, AVANTAGES ET INCONVÉNIENTS

Les types de lingots et lingotins d'or

Les lingots d'or sont des barres d'or pur, généralement produites par des fondeurs et des raffineurs reconnus. Ils sont disponibles en différentes tailles et poids, allant de quelques grammes à plusieurs kilogrammes.

Les lingotins d'or sont des versions plus petites des lingots, souvent utilisées par les investisseurs particuliers pour faciliter la détention, le stockage et la revente.

Les avantages des lingots et lingotins d'or

- Pureté et qualité garanties : Les lingots et lingotins d'or sont généralement certifiés pour leur pureté et leur qualité, ce qui rassure les investisseurs quant à la valeur de leur investissement.

- Coût par once inférieur : Les lingots et lingotins d'or offrent généralement un coût par once inférieur par rapport aux pièces d'or, car ils sont produits en plus grande quantité et leur fabrication est moins coûteuse.

- Facilité de stockage et de transport : Les lingots et lingotins d'or sont faciles à stocker et à transporter, grâce à leur forme compacte et standardisée.

Les inconvénients des lingots et lingotins d'or

- Liquidité moindre : la revente de lingots et lingotins d'or est souvent plus difficile que celle des pièces d'or, en raison de leur taille et de leur valeur plus élevée. En tant qu'investisseur vous pourriez devoir vendre à des prix légèrement inférieurs pour trouver un acheteur rapidement.

- Frais de fabrication et de stockage : tout comme l'achat de pièces d'or, l'investissement en or sous forme de lingots et lingotins d'or induit des frais de fabrication et des frais de stockage supplémentaires, en particulier pour les investisseurs qui choisissent de les stocker dans des installations sécurisées.

- Pas de valeur numismatique : contrairement aux pièces d'or, les lingots et lingotins d'or n'ont généralement pas de valeur numismatique. Ils sont achetés et vendus uniquement pour leur contenu en or.

C. CHOISIR L'INVESTISSEMENT ADAPTÉE À VOS BESOINS

Il est essentiel de choisir la forme d'investissement en or qui correspond le mieux à vos objectifs financiers, à votre tolérance au risque et à vos préférences personnelles. Voici quelques points à prendre en compte pour vous aider à faire le bon choix.

Objectifs d'investissement

Déterminez si vous investissez dans l'or principalement pour préserver votre richesse, pour diversifier votre portefeuille ou pour collectionner des objets ayant une valeur numismatique.

Si vous voulez être le plus rentable possible

→ Je vous suggère de privilégier la détention d'or sous forme de lingots et lingotins. En effet, comme mentionné précédemment, le coût des pièces d'or est généralement plus élevé en termes de valeur intrinsèque.

Lorsque vous achetez des pièces d'or, vous payez généralement une prime plus élevée par rapport à la valeur réelle de l'or qu'elles contiennent. Cette prime couvre les coûts de fabrication, la distribution et la valeur numismatique associée à la pièce.

En revanche, les lingots et lingotins d'or ont souvent des primes plus faibles, ce qui vous permet d'acquérir une plus grande quantité d'or pour un même budget !

Si vous recherchez une protection contre l'inflation

→ Les lingots et les lingotins d'or sont plus appropriés, car ces formes d'or ont des primes plus faibles par rapport à la valeur réelle de l'or qu'elles contiennent. Ainsi, vous optimisez votre investissement en or, ce qui préserve votre pouvoir d'achat.

Si vous souhaitez diversifier votre portefeuille

→ Je vous recommande d'investir dans différentes formes d'or et d'autres actifs liés à l'or, pour une stratégie judicieuse. En diversifiant votre portefeuille, vous réduisez les risques associés à la concentration sur un seul type d'investissement.

Dans ce cas, vous pourriez envisager d'investir dans une combinaison d'or sous forme de lingots, lingotins et pièces, ainsi que dans des actifs tels que des actions de sociétés minières aurifères et dans des fonds négociés en bourse (ETF) basés sur l'or.

Ne vous inquiétez pas, je vais vous expliquer tout cela beaucoup plus en détail par la suite !

Si la liquidité est importante pour vous

→ Les pièces d'or populaires et reconnues sont plus faciles à vendre que les lingots et lingotins, car elles bénéficient d'une demande plus large et sont généralement plus faciles à échanger.

Cependant, les lingots et lingotins d'or de tailles standard émis par des fondeurs reconnus peuvent également offrir une liquidité suffisante, mais de manière générale il sera plus rapide pour vous de vendre des pièces.

Si vous voulez devenir un collectionneur passionné

→ Les pièces d'or sont alors beaucoup plus intéressantes pour vous.

CHAPITRE 3 : COMMENT ÉVALUER LA QUALITÉ ET LA VALEUR DE L'OR

A. La pureté de l'or : carats et finesse

Les carats

Vous voulez investir dans l'or ? Vous devez comprendre comment est déterminée la qualité de l'or. La pureté de l'or est généralement exprimée en carats ou en finesse.

Le terme "carat" est utilisé pour décrire la proportion d'or pur dans un alliage.

Un carat d'or est égal à 1/24 de la masse totale de l'alliage. Ainsi, l'or pur à 100 % est désigné comme étant de 24 carats (24k).

→ Plus le nombre de carats est élevé, plus la teneur en or pur est importante.

Voici quelques exemples de pureté en carats :

- Or 24 carats (24k) : 100 % d'or pur
- Or 22 carats (22k) : 91,67 % d'or pur
- Or 18 carats (18k) : 75 % d'or pur
- Or 14 carats (14k) : 58,33 % d'or pur

→ Selon les pays, la pureté de l'or utilisée varie en fonction des normes locales et des traditions culturelles !

En Inde : l'or est un élément essentiel de la culture indienne, et la plupart des bijoux sont fabriqués en or 22 carats (91,67 % d'or pur). Cependant, on trouve également de l'or 18 carats (75 % d'or pur) et 24 carats (100 % d'or pur) en Inde.

Aux États-Unis et Royaume-Uni : dans ces pays, l'or 14 carats (58,33 % d'or pur) et l'or 18 carats (75 % d'or pur) sont couramment utilisés pour les bijoux. L'or 24 carats (100 % d'or pur) est généralement réservé aux lingots, lingotins et pièces d'investissement.

Au Moyen-Orient : les pays du Moyen-Orient, tels que les Émirats arabes unis et l'Arabie Saoudite, privilégient généralement l'or 22 carats (91,67 % d'or pur) et l'or 24 carats (100 % d'or pur) pour la fabrication de bijoux.

En Europe continentale : les normes européennes en matière de bijoux en or varient, mais l'or 18 carats (75 % d'or pur) est généralement la norme la plus courante. On peut également trouver de l'or 14 carats (58,33 % d'or pur) et de l'or 22 carats (91,67 % d'or pur) sur le marché.

→ Vous devez absolument prendre en compte toutes ces variations avant de faire un achat à l'étranger, car tous ces facteurs influencent la valeur de votre investissement !

La finesse

La finesse, quant à elle, exprime la teneur en or pur en millièmes. Par exemple, l'or pur à 100 % a une finesse de 999,9 millièmes (ou simplement .9999). Plus la finesse est élevée, plus l'or est pur. La finesse est souvent utilisée pour mesurer la pureté des lingots et des lingotins d'or.

Voici quelques exemples de finesse :

- Or .9999 : 99,99 % d'or pur
- Or .9167 : 91,67 % d'or pur
- Or .7500 : 75 % d'or pur
- Or .5850 : 58,50 % d'or pur

Lors de l'achat d'or sous forme de pièces, lingots ou lingotins, il est crucial de connaître la pureté de l'or, car elle a un impact direct sur sa valeur intrinsèque. Généralement, les investisseurs privilégient l'or d'une pureté élevée (24 carats ou .9999 de finesse) pour optimiser la valeur de leur investissement.

B. Le poids, taille et prix des pièces, lingots et lingotins

Soyez vigilant

Veuillez noter que les prix indiqués ci-dessous sont des estimations basées sur les moyennes des 5 dernières années et sont sujets à des fluctuations en fonction des conditions du marché et des variations du prix de l'or. Je vous recommande de consulter les prix actuels et de comparer les offres de différents fournisseurs avant de procéder à un achat.

Le tableau

Type	Poids	Taille approximative	Prix approximatif (€)
Pièce d'or	1/10 d'once (3,11 g)	16 mm	150
Pièce d'or	1/4 d'once (7,78 g)	22 mm	375
Pièce d'or	1/2 d'once (15,55 g)	27 mm	750
Pièce d'or	1 once (31,1 g)	32 mm	1 500
Lingotin d'or	1 g	8 mm x 14 mm	55
Lingotin d'or	5 g	15 mm x 25 mm	275
Lingotin d'or	10 g	20 mm x 30 mm	550
Lingotin d'or	20 g	25 mm x 40 mm	1 100

C. LA PRIME SUR L'OR

Comprendre la prime sur l'or

La prime sur l'or est la différence entre le prix d'une pièce, d'un lingot ou d'un lingotin d'or et la valeur de l'or qu'il contient, basée sur le prix au comptant de l'or (également appelé "spot price").

→ En d'autres termes, la prime représente le coût supplémentaire que vous payez pour posséder de l'or sous une forme particulière, au-delà de la valeur intrinsèque de l'or lui-même.

La prime couvre généralement les coûts de fabrication, de distribution et de marketing, ainsi que la marge bénéficiaire du vendeur. Les pièces d'or ont souvent des primes plus élevées que les lingots et les lingotins, en raison de leur valeur numismatique, de leur design et de leur tirage limité !

Calculer facilement la prime sur l'or

Pour calculer la prime sur l'or, vous devez connaître le prix au comptant de l'or, le poids et la pureté de la pièce, du lingot ou du lingotin que vous souhaitez acheter, ainsi que le prix total que vous payez pour cette forme d'or. Voici les étapes à suivre pour calculer la prime :

1. Convertissez le poids de l'or en onces troy (1 once troy = 31,1 grammes) si nécessaire.

2. Multipliez le poids en onces troy par le prix au comptant de l'or pour obtenir la valeur intrinsèque de l'or.

3. Divisez le prix total que vous payez par le poids en onces troy pour obtenir le prix par once que vous payez.

4. Soustrayez la valeur intrinsèque de l'or (étape 2) du prix par once que vous payez (étape 3) pour obtenir la prime sur l'or.

Exemple

Supposons que vous souhaitez acheter une pièce d'or d'une once, avec une pureté de 24 carats, au prix de 1 600 €. Le prix au comptant de l'or est de 1 500 € par once.

1. La pièce pèse déjà 1 once troy, donc pas besoin de conversion.

2. La valeur intrinsèque de l'or est de 1 500 € (1 once x 1 500 €/once).

3. Le prix par once que vous payez est de 1 600 € (1 600 € / 1 once).

4. La prime sur l'or est de 100 € (1 600 € - 1 500 €).

Dans cet exemple, vous payez une prime de 100 € pour la pièce d'or d'une once.

D. Les facteurs influençant la valeur de l'or

Les lingots et lingotins, un coût par once inférieur

Les lingots et lingotins d'or offrent généralement un coût par once inférieur par rapport aux pièces d'or, car leur processus de fabrication est plus simple et économique.

Voici les raisons qui expliquent cette différence de coût :

- Production en série : les lingots et lingotins d'or sont produits en grandes quantités, ce qui permet de bénéficier d'économies d'échelle. En d'autres termes, plus on produit d'unités, moins chaque unité coûte cher à fabriquer.

- Fabrication simplifiée : les lingots et lingotins d'or sont généralement produits en utilisant un procédé de coulée ou de laminage, qui est moins coûteux que la frappe de pièces d'or. Les pièces, en revanche, nécessitent un processus de frappe plus complexe, avec des matrices et des équipements spécifiques pour donner aux pièces leur forme et leurs détails uniques.

- Absence de valeur numismatique : les lingots et lingotins d'or sont principalement appréciés pour leur contenu en or pur, sans tenir compte de leur design ou de leur valeur numismatique. Les pièces d'or, en revanche, peuvent avoir une valeur numismatique ajoutée en fonction de leur rareté, de leur histoire ou de leur esthétique. Cette valeur numismatique supplémentaire peut entraîner un coût par once plus élevé pour les pièces d'or par rapport aux lingots et lingotins.

Offre et demande

L'offre et la demande d'or sur le marché mondial ont un impact significatif sur son prix.

→ Une demande accrue d'or pour l'investissement, la bijouterie ou l'industrie entraîne presque toujours une hausse des prix.

→ À l'inverse, une diminution de la demande ou une augmentation de l'offre entraîne une baisse des prix.

Taux d'intérêt

Les taux d'intérêt déterminés par les banques centrales influencent également le prix de l'or.

→ Lorsque les taux d'intérêt sont bas, le coût d'opportunité de détenir de l'or est réduit, ce qui rend l'or plus attractif en tant qu'investissement et peut pousser les prix à la hausse.

→ Lorsque les taux d'intérêt augmentent, le coût d'opportunité de détenir de l'or augmente, ce qui incite les investisseurs à se tourner vers d'autres actifs, réduisant ainsi la demande d'or et faisant baisser les prix.

Inflation

Comme vous le savez maintenant, l'or est souvent considéré comme une protection contre l'inflation.

→ Dès que l'inflation est élevée, la valeur des devises diminue, ce qui incite les investisseurs à acheter de l'or pour préserver leur pouvoir d'achat. En conséquence, une inflation plus élevée peut entraîner une augmentation de la demande d'or et une hausse des prix.

Instabilité économique et politique

L'or est considéré comme une valeur refuge en période d'incertitude économique ou politique.

→ Quand les marchés boursiers sont volatils ou que des événements politiques majeurs créent de l'incertitude, les investisseurs se tournent plus souvent vers l'or pour protéger leurs patrimoines, ce qui entraîne une augmentation de la demande et des prix.

Dollar américain

Le prix de l'or est généralement coté en dollars américains. Par conséquent, la force du dollar influence le prix de l'or.

→ Le dollar s'apprécie par rapport aux autres devises, le prix de l'or tend à baisser, car il devient plus cher pour les investisseurs détenant d'autres devises.

→ À l'inverse, dès que le dollar faiblit, le prix de l'or tend à augmenter.

Au début de 2008, le taux de change entre l'euro et le dollar américain était d'environ 1,47 $ pour 1 €.

Cependant, en raison de la crise financière et de la récession qui a suivi, les investisseurs se sont tournés vers l'or comme valeur refuge, ce qui a entraîné une augmentation de la demande et une hausse des prix de l'or.

Entre janvier 2008 et septembre 2011, le prix de l'or a augmenté de 600 $ à environ 1 900 $ l'once !

Pendant la même période, la valeur du dollar américain a fluctué par rapport à l'euro. En conséquence, les investisseurs européens ont vu leur rendement affecté par ces fluctuations.

En décembre 2008, le taux de change entre l'euro et le dollar américain est tombé à environ 1,25 $ pour 1 €. Cela signifie que l'or était moins cher pour les investisseurs européens, car ils devaient dépenser moins d'euros pour acheter la même quantité d'or en dollars américains.

Cependant, en juin 2010, le taux de change entre l'euro et le dollar américain était remonté à environ 1,49 $ pour 1 €. À ce moment-là, le prix de l'or avait également augmenté. Les investisseurs européens qui avaient acheté de l'or en 2008, lorsque le taux de change était plus favorable, ont donc bénéficié d'un rendement plus élevé à la fois en raison de l'appréciation de l'or et de l'évolution du taux de change.

Cet exemple illustre l'importance de prendre en compte les fluctuations des devises lors de l'investissement dans l'or, car elles peuvent avoir un impact significatif sur le rendement global de vos investissements.

CHAPITRE 4 : STRATÉGIES D'INVESTISSEMENT ET DIVERSIFICATION DU PORTEFEUILLE AVEC L'OR

A. QUELLE EST LA PART D'OR DANS MON PATRIMOINE ?

Entre 5 % et 20 % de son patrimoine total

Souvent, il est généralement recommandé de consacrer entre 5 % et 20 % d'or par rapport à son patrimoine total. Ce pourcentage varie bien évidemment en fonction de la situation financière, des objectifs d'investissement et de la tolérance au risque de chaque individu.

Pourquoi 5 % à 20 % ?

L'intervalle de 5 % à 20 % est généralement recommandé pour plusieurs raisons concrètes :

- Diversification : l'or est souvent considéré comme une classe d'actifs distincte des actions, des obligations et de l'immobilier. Investir entre 5 % et 20 % de son patrimoine dans l'or permet de diversifier son patrimoine et de réduire les risques associés à la volatilité des autres classes d'actifs.

- Protection contre l'inflation : l'or a historiquement servi de protection contre l'inflation. Investir entre 5 % et 20 % de son patrimoine dans l'or, nous aide à préserver notre pouvoir d'achat en cas d'inflation élevée.

- Stabilité : l'or est généralement considéré comme une valeur refuge en période de turbulences économiques et d'incertitudes sur les marchés financiers. Investir entre 5 % et 20 % de son patrimoine dans l'or permet de bénéficier de cette stabilité relative et de réduire l'impact des fluctuations du marché sur la performance globale du portefeuille.

- Liquidité : investir moins de 5 % de son patrimoine dans l'or pourrait ne pas fournir suffisamment de diversification et de protection contre l'inflation et la volatilité. En revanche, investir plus de 20 % de son patrimoine dans l'or réduit la liquidité du portefeuille, car l'or physique est moins facile à convertir en espèces, que d'autres actifs tels que les actions ou les obligations.

B. Les 3 exemples

Je vous donne 3 exemples pour illustrer comment la part d'or dans un portefeuille varie en fonction du patrimoine et du niveau de revenu.

Exemple n°1

- Patrimoine total : 50 000 € (revenu modeste)

- Part d'or recommandée : 5 % à 10 %

- Investissement en or : entre 2 500 € (5 %) et 5 000 € (10 %)

Dans cet exemple, l'investisseur a un revenu modeste et un patrimoine limité. Il est donc recommandé de consacrer une part plus faible de son portefeuille à l'or pour conserver une certaine liquidité et pouvoir faire face aux dépenses imprévues.

Exemple n°2

- Patrimoine total : 200 000 € (revenu intermédiaire)
- Part d'or recommandée : 10 % à 15 %
- Investissement en or : entre 20 000 € (10 %) et 30 000 € (15 %)

Ici, l'investisseur a un revenu intermédiaire et un patrimoine plus important. Il peut donc se permettre d'augmenter la part d'or dans son portefeuille pour bénéficier d'une protection supplémentaire contre les fluctuations du marché et diversifier ses actifs.

Exemple n°3

- Patrimoine total : 1 000 000 € (revenu élevé)
- Part d'or recommandée : 15 % à 20 %
- Investissement en or : entre 150 000 € (15 %) et 200 000 € (20 %)

Dans ce dernier exemple, l'investisseur a un revenu élevé et un patrimoine conséquent. Il peut donc envisager d'augmenter la part d'or dans son portefeuille pour protéger davantage ses actifs et se prémunir contre les incertitudes économiques.

→ *Ces exemples sont donnés à titre indicatif et ne constituent pas des conseils financiers. Chaque investisseur doit adapter la part d'or dans son portefeuille en fonction de sa situation personnelle, de ses objectifs d'investissement et de sa tolérance au risque.*

PARTIE 2 : L'OR PHYSIQUE

"L'or représente encore l'ultime forme de paiement dans le monde. Dans le pire des cas, la monnaie fiduciaire ne sera plus acceptée par personne, alors que l'or le sera encore."

Alan Greenspan

CHAPITRE 5 :

CHOISIR LE TYPE D'OR EN FONCTION DE VOTRE PROFIL

A. CHOISIR ENTRE PIÈCES, LINGOTS ET LINGOTINS EN FONCTION DE VOTRE PROFIL

La forme d'or qui correspond le mieux à vos objectifs

Dans le cadre d'une stratégie d'investissement et de diversification de votre patrimoine, il est essentiel de choisir la forme d'or qui correspond le mieux à vos objectifs et à votre profil d'investisseur. En effet, chaque type d'or physique (pièces, lingots et lingotins) présente des caractéristiques distinctes.

Investir dans différentes formes d'or vous permet de tirer parti des avantages spécifiques de chaque type tout en réduisant les risques liés à la concentration sur une seule forme d'or. Voici quelques éléments à prendre en compte pour diversifier votre portefeuille avec différentes formes d'or.

Pièces d'or

Idéales si vous recherchez un investissement ayant une valeur numismatique, historique ou artistique en plus de la valeur intrinsèque de l'or.

→ Elles sont adaptées pour les investisseurs souhaitant détenir de petites quantités d'or pour une plus grande flexibilité.

Si vous êtes débutant, je vous recommande de commencer par les pièces d'or. C'est exactement ce que j'ai fait.

Peu importe votre capital (sauf si vous êtes déjà millionnaire), cela vous permet de vous familiariser avec ce nouveau type d'investissement, sans pour autant devoir dépenser des sommes élevées, comme avec les lingotins et les lingots d'or.

- Type d'investisseur : Investisseur débutant ou modeste (passionné par l'histoire ou les objets de collection).

- Patrimoine : modéré, allant de 5 000 € à 30 000 €.

- Métier : Employé, enseignant, infirmier, technicien ou toute autre profession avec un revenu stable.

- Revenus : Revenus annuels compris entre 20 000 € et 50 000 €, permettant d'allouer une partie de leur épargne à l'achat de pièces d'or.

Cet investisseur est généralement attiré par les pièces d'or en raison de leur valeur mais aussi de l'aspect historique, artistique et numismatique, qui ajoutent un aspect intéressant à leur investissement.

Les pièces d'or offrent également une certaine flexibilité en termes de revente, ce qui convient à ce type d'investisseur.

Lingotins d'or

Les lingotins d'or sont un choix judicieux pour les investisseurs qui souhaitent se familiariser avec le marché de l'or sans investir de grosses sommes. Ils offrent également une flexibilité en termes de détention, de stockage et de revente.

→ Les lingotins d'or sont idéaux pour les personnes ayant des revenus intermédiaires, qui cherchent un compromis entre l'accessibilité des pièces d'or et l'efficacité des lingots d'or.

- Type d'investisseur : Investisseur débutant ou prudent

- Patrimoine : Modeste, avec des actifs allant de 50 000 € à 200 000 €

- Type de métier : Employé de bureau, enseignant, infirmier, technicien ou tout autre métier avec des revenus stables

- Revenus : Revenus annuels compris entre 25 000 € et 40 000 €

Lingots d'or

Les lingots d'or sont adaptés aux investisseurs recherchant un moyen plus économique d'investir dans l'or, en bénéficiant de primes plus faibles par rapport aux pièces d'or.

→ Les lingots d'or sont généralement considérés comme étant adaptés aux personnes ayant un patrimoine et des revenus élevés.

- Type d'investisseur : Investisseur à moyen ou long terme

- Patrimoine : Entre 200 000 € et 1 000 000 €

- Métier : Profession libérale, cadre supérieur ou entrepreneur

- Revenus annuels : Entre 50 000 € et 100 000 €

Ces investisseurs privilégient les lingots d'or pour bénéficier d'un coût par once inférieur et de primes plus faibles par rapport aux pièces d'or, tout en ayant la possibilité de détenir des quantités d'or importantes pour diversifier leur patrimoine.

B. La fréquence d'achat

Achat unique vs achat régulier (dollar-cost averaging)

L'un des choix importants pour un investisseur en or physique est de décider s'il souhaite effectuer un achat unique ou des achats réguliers. Les deux approches ont leurs avantages et inconvénients, et il est important de les prendre en compte pour déterminer la stratégie qui correspond le mieux à vous.

→ Achat unique

Un investisseur peut choisir d'acheter de l'or en une seule fois, avec l'objectif d'obtenir un rendement à long terme. Cette approche peut être intéressante si vous disposez d'un capital important à investir et si vous estimez que le moment est propice pour entrer sur le marché de l'or. Cependant, l'achat unique présente un risque plus élevé en termes de timing, car il est difficile de prévoir les fluctuations du marché et le prix de l'or peut varier considérablement à court terme. En d'autres termes vous pouvez être en train d'acheter de l'or alors que le prix est beaucoup plus cher que d'habitude...

→ Achat régulier (dollar-cost averaging)

Cette stratégie consiste à investir un montant fixe à intervalles réguliers (par exemple, chaque mois ou chaque trimestre 200 € d'or). Le dollar-cost averaging présente l'avantage de lisser les fluctuations du prix de l'or sur une période plus longue et de réduire le risque de mauvais timing. Cette approche est particulièrement adaptée aux investisseurs qui souhaitent se constituer progressivement une réserve d'or sans se soucier des variations de prix à court terme.

Considérations sur le timing des investissements

Le timing des investissements dans l'or est un facteur clé pour optimiser les rendements. Cependant, "timer le marché" est une tâche difficile, même pour les professionnels et les investisseurs expérimentés.

Comme les tendances du marché, les événements économiques mondiaux, la politique monétaire et les taux d'intérêt influencent les prix de l'or, prédire avec précision les mouvements du marché à court terme est presque impossible !

"Timer le marché" mène souvent à des erreurs coûteuses...

Pour les investisseurs moins expérimentés ou ceux qui n'ont pas le temps ou les connaissances nécessaires pour surveiller constamment le marché de l'or, le dollar-cost averaging (DCA) est une stratégie préférable.

Cette approche permet de lisser les prix d'achat de l'or sur une période plus longue et de réduire le risque de mauvais timing. En investissant régulièrement, vous achetez de l'or à différents niveaux de prix, et vous obtenez un prix moyen d'achat plus favorable sur le moyen et long terme !

CHAPITRE 6 :

COMMENT ACHETER ET REVENDRE VOTRE OR

A. TROUVER DES REVENDEURS D'OR FIABLES ET RÉPUTÉS

Recherchez des revendeurs renommés

Trouver des revendeurs fiables et réputés est crucial pour garantir des transactions sécurisées et ne pas se faire arnaquer... Comme dans tous les milieux qui touchent à l'argent, les arnaques et les fraudes sont légion. C'est pour cela que je vous recommande de suivre les étapes suivantes.

Optez pour des marques reconnues dans l'industrie de l'or, telles que GoldCore, BullionVault ou JM Bullion. Ces sociétés ont établi leur réputation en fournissant des produits de qualité et un service client fiable.

Si vous êtes en France

Vous pouvez rechercher des revendeurs renommés dans l'industrie de l'or physique :

- AuCOFFRE.com est une plateforme en ligne spécialisée dans l'achat et la vente d'or physique. Ils offrent une sélection de produits certifiés et vérifiés, et garantissent leur authenticité. AuCOFFRE.com est réputé pour son service client de qualité et sa transparence.

- Godot et Fils est une entreprise familiale française qui se spécialise dans l'achat et la vente d'or physique, notamment des pièces et des lingots. Ils sont présents depuis plus de 80 ans et sont réputés pour leur sérieux et leur professionnalisme.

- Le Comptoir National de l'Or est une enseigne bien connue en France spécialisée dans l'achat et la vente d'or physique. Fondé en 1976, il dispose d'un réseau étendu d'agences présentes dans de nombreuses villes du pays. Cette société propose une variété de produits en or, tels que des lingots, des pièces d'investissement et des bijoux en or.

→ Ces sociétés sont régulièrement contrôlées par les autorités compétentes pour assurer la conformité de leurs pratiques. Cependant, ça ne veut pas dire qu'il faut acheter n'importe quoi, à n'importe quel prix. Soyez toujours conscient de vos achats et ne vous laissez pas avoir par les arguments commerciaux des vendeurs : c'est vous qui devez être rentable !

Consultez les avis en ligne

Renseignez-vous sur l'expérience d'autres clients en consultant les avis et les témoignages sur des sites spécialisés tels que Trustpilot, Gold Dealer Reviews ou Bullion.Directory. Ainsi, vous aurez une idée de la satisfaction des clients et de la fiabilité des revendeurs.

Vérifiez les certifications et les garanties

Choisissez des revendeurs qui sont certifiés par des organisations de confiance, comme la LBMA (London Bullion Market Association) ou l'ICTA (Industry Council for Tangible Assets). Ces certifications garantissent la qualité et l'authenticité des produits.

Comparez les prix et les frais

Utilisez des comparateurs de prix en ligne tels que GoldPrice.org, BullionVault ou GoldBroker pour vous assurer d'obtenir le meilleur prix pour votre achat. Prenez également en compte les frais de livraison, les commissions et les coûts de stockage, le cas échéant.

Vérifiez les options de paiement

Assurez-vous que le revendeur propose des options de paiement sécurisées. Les méthodes courantes incluent les virements bancaires, les cartes de crédit et les plateformes de paiement en ligne sécurisées comme PayPal.

Informez-vous sur les politiques de retour et de remboursement

Avant d'effectuer un achat, vérifiez les conditions de retour et de remboursement du revendeur. Assurez-vous qu'il existe une garantie de satisfaction client et qu'il est possible de retourner les produits défectueux ou non conformes.

Contactez le service client

Avant de finaliser votre achat, n'hésitez pas à contacter le service client du revendeur pour poser des questions ou demander des éclaircissements. De plus, vous aurez une meilleure idée de leur réactivité et de leur professionnalisme.

Commencez par de petites transactions

Si vous êtes nouveau dans l'achat d'or, commencez par des petites transactions, même si vous en avez les moyens, pour évaluer la fiabilité du revendeur.

N'ayez pas les yeux plus gros que le ventre, en commençant par de petites transactions vous testez leur service et vérifiez la qualité des produits reçus. La première fois que j'ai acheté de l'or j'ai commencé par une petite pièce de 300 €, je n'ai pas commencé par acheter un lingot à 10 000 € !

B. Les pièges à éviter...

Faux lingots ou pièces d'or

Certains vendeurs ont été signalés pour la vente de lingots d'or qui se révèlent être des contrefaçons... Par exemple, en 2017, des faux lingots d'or marqués de la marque Heraeus ont été découverts en Allemagne. Les contrefaçons étaient plaquées d'or mais contenaient du tungstène à l'intérieur.

Fausse certification

Des cas ont été rapportés où des certificats d'authenticité ont été falsifiés pour donner une fausse impression de valeur et de provenance des pièces ou des lingots d'or. Par exemple, en 2018, un vendeur aux États-Unis a été arrêté pour la vente de pièces d'or contrefaites avec de faux certificats d'authenticité.

Fraude à la vente en ligne

Des sites web frauduleux ont été signalés où les clients effectuent des paiements pour acheter de l'or, mais ne reçoivent jamais les produits. Par exemple, en 2020, un site web prétendant vendre de l'or en ligne a été identifié comme une arnaque, les clients ayant perdu leur argent sans jamais recevoir les produits commandés.

L'or de l'Autobahn

Cette arnaque est née sur des autoroutes allemandes, puis s'est répandue en Europe et aux Etats-Unis. Une personne vous arrête dans la rue et a besoin d'aller rapidement à l'hôpital ou l'aéroport mais n'as plus d'essence ou d'argent. La personne vous donne un collier ou un bracelet en or massif contre des espèces. En réalité, il s'agit simplement de faux bijoux en cuivre...

Pyramides de Ponzi

Plusieurs cas de Pyramides de Ponzi liés à l'or ont été signalés. Par exemple, en 2019, une société basée aux États-Unis, Metals.com, a été poursuivie pour avoir trompé les investisseurs en vendant des métaux précieux surévalués et en utilisant les fonds des nouveaux investisseurs pour payer les rendements des anciens investisseurs...

Vente surévaluée

Des cas ont été rapportés où des vendeurs ont proposé des prix nettement supérieurs à la valeur réelle de l'or proposé. En 2016, un vendeur en France a été condamné pour avoir vendu de l'or à des prix largement supérieurs à sa valeur réelle, en profitant de la méconnaissance des clients.

Vendeurs non professionnels

Il y a eu des cas où des vendeurs non professionnels ont vendu de l'or de mauvaise qualité ou ont proposé des transactions trompeuses. Par exemple, des vendeurs occasionnels sur des sites de petites annonces ont été signalés pour la vente d'or de qualité inférieure ou de faux lingots.

→ Ces exemples concrets soulignent l'importance d'être vigilant et de faire preuve de prudence lors de l'achat et de la vente d'or. Il est essentiel de vérifier l'authenticité des produits, de faire affaire uniquement avec des vendeurs réputés et de mener des recherches approfondies avant de finaliser une transaction.

En France, l'AMF (Autorité des Marchés Financiers) est l'organisme d'État chargé de réguler les marchés financiers et de protéger les investisseurs. Ils fournissent des informations et des avertissements sur les arnaques financières, y compris les fraudes liées à l'or.

Pour vérifier si un site d'investissement dans l'or est légitime et autorisé par l'AMF, vous pouvez consulter la liste des prestataires de services d'investissement autorisés disponible sur leur site officiel :

Site web de l'AMF : www.amf-france.org

Sur le site de l'AMF, vous trouverez également des mises en garde et des alertes concernant les sociétés ou les sites web suspects liés à l'or ou à d'autres investissements frauduleux.

C. Astuces pour la revente

Privilégier toujours les pièces reconnues

En privilégiant toujours les pièces courantes et largement reconnues sur le marché, vous facilitez votre processus de vente et vous trouverez des acheteurs plus facilement. Voici les raisons pour lesquelles vous devriez privilégier les pièces courantes :

1. Liquidité : les pièces courantes sont généralement plus liquides, ce qui signifie qu'elles sont plus facilement revendables et qu'il existe une demande élevée pour ces pièces sur le marché. Les acheteurs potentiels sont plus enclins à acheter des pièces courantes, car ils sont

familiarisés avec elles et considèrent qu'elles ont une valeur établie.

2. Reconnaissance internationale : les pièces courantes, telles que le Krugerrand sud-africain, le Maple Leaf canadien, l'American Eagle et le Britannia britannique, sont reconnues et acceptées dans le monde entier. Vous pouvez les vendre plus facilement, peu importe le pays où vous êtes, en comparaison avec une pièce beaucoup moins reconnue qui aura plus de mal à se revendre.

3. Prix compétitif : étant donné que les pièces courantes ont une demande plus élevée, elles sont généralement échangées à des prix compétitifs. Vous êtes plus susceptible d'obtenir un prix équitable et attractif lors de la vente de vos pièces.

4. Accessibilité : Les pièces courantes sont généralement plus accessibles en termes de disponibilité. Vous pouvez les acheter auprès de revendeurs spécialisés, de banques ou de plateformes en ligne, ce qui facilite leur acquisition et leur vente ultérieure.

Déterminer la demande des pièces

Je vous recommande de consulter des sites spécialisés tels que Kitco.com, APMEX.com ou des revendeurs reconnus tels que GoldCore, BullionVault ou le Comptoir National de l'Or.

Ils fournissent des informations sur les prix du marché, la demande et la popularité des différentes pièces d'or.

Envisager différentes options

- Les revendeurs spécialisés : les revendeurs spécialisés dans l'or physique, tels que GoldCore, BullionVault ou le Comptoir National de l'Or, offrent des services de vente sécurisés et fiables. Ils peuvent vous aider à évaluer vos pièces, à déterminer leur valeur marchande et à vous proposer un prix compétitif.

- Les enchères en ligne : les plateformes d'enchères en ligne spécialisées dans la vente d'or physique peuvent être une option intéressante pour vendre vos pièces et lingots.

Prendre quelques précautions

- Vérifiez la réputation du revendeur : consultez les avis des clients précédents et vérifiez leur réputation en ligne. Choisissez un revendeur fiable et réputé pour éviter les problèmes potentiels.

- Comparez les offres : avant de vendre vos pièces, obtenez plusieurs offres de différents revendeurs ou plateformes. Comparez les prix proposés, les frais et les conditions de vente pour choisir la meilleure offre.

- Conservez les documents : lors de la vente, conservez tous les documents, y compris les factures, les certificats d'authenticité et les relevés de compte. Ces documents sont souvent requis pour prouver l'authenticité et la provenance des pièces.

CHAPITRE 7 : COMMENT STOCKER VOTRE OR À DOMICILE

A. AVANTAGES ET INCONVÉNIENTS DU STOCKAGE À DOMICILE

Avantages

- Accès immédiat : l'avantage le plus évident du stockage à domicile est que vous avez un accès direct et immédiat à votre or. En cas de crise économique ou de situations d'urgence, vous pourrez disposer de votre or sans délai.

- Confidentialité : conserver votre or chez vous vous assure un haut niveau de confidentialité. Votre investissement reste privé et n'est connu que de vous ou de personnes de confiance.

- Pas de frais de garde : à la différence d'autres options de stockage qui impliquent des frais réguliers, conserver votre or à la maison ne nécessite pas ces frais.

Inconvénients

- Risque de vol : le principal risque associé au stockage à domicile est le risque de vol. L'or est un bien précieux qui attire les cambrioleurs. Prendre des mesures de sécurité adéquates pour protéger votre investissement est rudement conseillé.

- Responsabilité : conserver de l'or chez soi implique une grande responsabilité. Il faut non seulement s'assurer que l'or est stocké en toute sécurité, mais aussi veiller à sa protection contre d'éventuels dommages comme les incendies, les inondations ou les pertes...

- Assurance : il peut être difficile et coûteux d'assurer correctement l'or stocké à domicile. Les polices d'assurance standard pour le logement ne couvrent généralement pas les biens précieux comme l'or, ou alors seulement jusqu'à une certaine limite.

B. COFFRE-FORT

L'importance d'un coffre-fort de haute qualité

Si vous avez choisi de stocker votre or chez vous, il peut être intéressant d'investir dans un coffre-fort de haute qualité. Un coffre-fort solide constitue la première ligne de défense contre les risques de vol, d'incendie et d'inondation, qui ne doivent jamais être sous-estimés.

Prenons l'exemple de Martin, un investisseur débutant qui a décidé d'acheter de petites quantités d'or régulièrement. Au départ, il utilisait un petit coffre-fort de bureau peu robuste et facilement transportable pour stocker ses pièces d'or.

Malheureusement, lors d'un cambriolage, le coffre-fort a été volé et Martin a perdu l'intégralité de son or. C'est une leçon difficile, mais qui met en évidence l'importance cruciale d'un coffre-fort de haute qualité !

Choisir un coffre-fort adapté

- Coffre-fort résistant au feu et à l'eau : optez pour un modèle qui offre une résistance au feu et à l'eau. Votre or est protégé en cas d'incendie ou de dégâts d'eau. Encore une fois, il vaut mieux être prévoyant, même si ces incidents de la vie sont plutôt rares.

- Verrouillage sécurisé : les coffres-forts sont disponibles avec différents mécanismes de verrouillage. Les options courantes comprennent le verrouillage par clé, le verrouillage à combinaison ou le verrouillage biométrique. Le choix dépend de vos préférences personnelles et de votre niveau de confort avec chaque méthode.

- Possibilité d'ancrage dans le sol ou le mur : pour une sécurité accrue, vous pouvez opter pour un coffre-fort conçu pour être ancré dans le sol ou le mur. De cette façon, votre coffre-fort est plus difficile à déplacer ou à emporter en cas de tentative de vol.

Les prix des coffres-forts

Les prix des coffres-forts varient en fonction de la taille, des fonctionnalités et de la qualité de construction. On ne va pas se mentir, les coffres-forts de qualité représentent un investissement significatif, mais ils offrent une protection essentielle. Les prix peuvent aller de quelques centaines d'euros à plusieurs milliers d'euros, en fonction de vos besoins spécifiques.

Pour trouver des coffres-forts adaptés, vous pouvez consulter des marques réputées telles que SentrySafe, Fort Knox, Chubb Safes ou Burton Safes. Ces fabricants proposent une gamme de coffres-forts de haute qualité et offrent souvent des conseils d'experts pour vous aider à choisir le modèle le mieux adapté à vos besoins.

Investir dans un coffre-fort de haute qualité est un investissement judicieux pour protéger vos investissements en or. Prenez le temps de choisir un coffre-fort qui offre la meilleure sécurité possible, en tenant compte de la résistance au feu et à l'eau, du mécanisme de verrouillage et de la possibilité de l'ancrer.

→ Faites un calcul ! Si vous devez acheter un coffre-fort d'une valeur de 3 000 € alors que vous n'avez que 300 € d'or à protéger, est-ce que cela est vraiment judicieux pour vous ?

L'ancrage du coffre-fort

Un coffre-fort de haute qualité ne suffit pas à lui seul. Sans un ancrage, un cambrioleur pourrait simplement emporter le coffre-fort pour l'ouvrir plus tard à son aise...

Prenons l'exemple de Claire, une investisseuse avisée. Elle a acheté un coffre-fort de haute qualité et l'a ancré dans le béton de son sous-sol. Lors d'une tentative de cambriolage, les intrus ont bien repéré le coffre, mais n'ont pas réussi à le déloger, malgré leurs efforts. L'or de Claire est resté en sécurité grâce à ce simple geste de précaution.

La plupart des coffres-forts de haute qualité viennent avec des kits d'ancrage. Si ce n'est pas le cas, vous pouvez acheter des boulons d'ancrage dans une quincaillerie. Pour l'installation, envisagez de faire appel à un professionnel si vous n'êtes pas à l'aise avec ce type de travaux.

Le choix d'un coffre-fort de haute qualité et son installation correcte sont des éléments fondamentaux de la conservation de l'or à domicile.

Ces mesures de précaution, bien que pouvant paraître excessives, font toute la différence en cas de sinistre ou de cambriolage. L'or est un investissement précieux, il mérite donc un stockage à la hauteur de sa valeur !

C. LES CACHETTES

Les secrets d'une cachette bien pensée

Rappelez-vous de l'adage populaire "Cacher quelque chose en pleine vue". L'objectif est de choisir un lieu de stockage si ordinaire, si banal, que personne ne penserait à y regarder. D'autant plus que la plupart des coffres ont un certain coût et qu'à moins que vous souhaitez stocker une grande quantité d'or, quelques cachettes bien pensées sont préférables pour votre porte-monnaie.

L'art de la diversion

Imaginez le quotidien d'un cambrioleur typique. Ils ont peu de temps et cherchent les objets de valeur dans les lieux les plus évidents :

- Tiroirs de la chambre à coucher,
- Boîtes à bijoux,
- Tiroirs de bureau,
- Coffres-forts mal cachés,
- etc.

Mais que se passerait-il si votre or était caché dans un sac de farine dans votre cuisine ou dans une boîte à outils dans votre garage ? Ces endroits seraient probablement les derniers que les cambrioleurs fouilleraient...

Camouflage et ingéniosité

N'oubliez pas, l'ingéniosité est votre meilleure alliée quand il s'agit de cacher votre or !

Le stockage de votre or ne doit pas forcément se réduire à une cachette secrète ; il peut aussi se fondre naturellement dans votre environnement domestique. Un exemple probant de ce type de stratégie nous est fourni par Anne, une investisseuse en or particulièrement avisée.

Anne a trouvé une manière astucieuse de transformer un objet banal en un coffre-fort secret : une lampe de table.

Dans son salon, trône une vieille lampe de table, apparemment ordinaire. Cependant, la banalité de cette lampe cache un secret bien gardé.

Anne a pris la décision de vider le contenu de cette lampe. Elle a soigneusement placé ses pièces à l'intérieur, avant de repositionner l'ampoule et l'abat-jour. Le résultat ? Une lampe de table parfaitement fonctionnelle qui ne laissait rien présager de son précieux contenu !

Cette stratégie astucieuse a permis à Anne de garder son or à proximité, tout en le protégeant des regards indiscrets. Pour un observateur extérieur, la lampe ne suscite aucun intérêt particulier. Cependant, pour Anne, cette lampe ordinaire est devenue une précieuse cachette.

D'autres idées

- Les pots de peinture vides : de nombreux foyers ont dans leur garage ou leur sous-sol des pots de peinture vides de travaux antérieurs. Ces pots sont d'excellents endroits pour cacher votre or. Assurez-vous simplement de bien nettoyer le pot avant d'y placer votre or. Vous pouvez également laisser un peu de peinture séchée pour donner l'impression que le pot est toujours utilisé.

- Les appareils électroniques : une vieille chaîne hi-fi ou un vieux magnétoscope, ce sont des cachettes intéressantes. Vous pouvez cacher votre or à l'intérieur, à condition qu'il ne soit pas endommagé par l'électricité résiduelle ou la rouille.

- Les boîtes à outils : cela peut sembler être un endroit étrange pour cacher votre or, mais elle peut être très efficace. Les cambrioleurs sont généralement pressés et ne prennent pas le temps de fouiller minutieusement une boîte à outils. Vous pouvez cacher votre or dans une vieille boîte de vis ou de clous.

- Les tuyaux de ventilation : si votre maison dispose de tuyaux de ventilation, ils constituent de bons endroits. Placez votre or dans un sac étanche et déposez-le dans le tuyau.

- Les bacs à linge sale : vous pouvez créer une fausse doublure dans le bas du bac pour y placer votre or. Il est peu probable qu'un cambrioleur fouille dans votre linge sale...

- Les doubles fonds : que ce soit dans un tiroir, une armoire ou même une boîte à chaussures, un double fond est un excellent moyen de cacher votre or. Il suffit de découper une planche à la bonne taille, de la placer au fond et d'y cacher votre or en dessous.

- Les meubles à multiples compartiments : certains meubles, comme les bureaux anciens ou les commodes, ont souvent des compartiments secrets ou des tiroirs cachés. Ces espaces sont parfaits pour cacher votre or !

- Les plinthes amovibles : certaines maisons ont des plinthes amovibles. Vous pouvez créer un espace pour y cacher votre or derrière ces plinthes.

- Les vieux livres : ce sont d'excellents endroits pour cacher votre or. Choisissez un livre épais, coupez soigneusement un espace pour y placer votre or, puis replacez le livre sur votre étagère. C'est la stratégie que j'ai utilisé au début. J'avais trouvé un vieux livre dans une boîte à don pour ne pas avoir à abîmer un bon livre. J'ai pris un cutter et j'ai découpé un espace au milieu du livre et j'ai caché mes pièces.

- Les cadres de lit : de nombreux cadres de lit ont un espace vide à l'intérieur. Vous pouvez y cacher votre or en créant une petite ouverture.

D. LES FAUX OBJETS DE LA VIE QUOTIDIENNE

Les livres factices

Des entreprises comme Diversion Safes ou Trademark Home proposent des livres factices. À première vue, ils ressemblent à n'importe quel autre livre sur votre étagère, mais ils contiennent un compartiment secret où vous pouvez ranger votre or. Ces livres factices sont disponibles en différentes tailles et peuvent être commandés en ligne sur des plateformes comme Amazon ou eBay.

Canettes de soda et boîtes de conserve factices

Les canettes de soda factices sont un autre excellent moyen de cacher votre or. Des entreprises comme Southwest Specialty Products offrent une gamme de canettes de soda factices, de boîtes de conserve de produits alimentaires, et même des bouteilles d'eau qui ont été modifiées pour contenir un compartiment secret. Ces produits sont disponibles sur plusieurs plateformes en ligne, y compris Amazon et Walmart.

Pierres de jardin factices

Pour ceux qui préfèrent stocker leur or à l'extérieur, les pierres de jardin factices sont une excellente option.

Des fournisseurs comme Hide-A-Key proposent des pierres de jardin factices avec des compartiments secrets qui sont suffisamment spacieux pour contenir plusieurs pièces ou petits lingots d'or. Ces pierres sont aussi disponibles à l'achat sur des sites comme Amazon ou Home Depot.

Autres objets factices

D'autres fournisseurs proposent une gamme encore plus large d'objets factices, allant des brosses à cheveux avec des compartiments secrets aux bouteilles de nettoyant pour toilettes factices...

Vous pouvez trouver ces produits sur des sites comme Amazon, eBay, ou même directement sur les sites web des fabricants.

Ces objets sont efficaces pour cacher votre or. Néanmoins, ils ne le protègent pas contre le feu ou l'eau. Pour une protection optimale, il est recommandé d'utiliser ces objets en conjonction avec un coffre-fort de haute qualité.

E. DIVERSIFICATION DES LIEUX DE STOCKAGE

Ne mettez pas tous vos œufs dans le même panier

Adoptez une approche de diversification pour stocker votre or physique.

Au lieu de mettre tous vos œufs dans le même panier, pensez à éparpiller vos investissements en or dans plusieurs endroits sécurisés. Ainsi, vous minimisez le risque de perte totale en cas de cambriolage ou d'autre événement imprévu.

L'art de la dissémination : un jeu de cache-cache

Pensez à votre maison comme un gigantesque jeu de cache-cache. L'or, en tant qu'objet de valeur, est la récompense ultime pour le cambrioleur.

Au lieu de mettre toute votre récompense dans une seule cachette, divisez-la en plusieurs caches.

Par exemple, vous pouvez décider de diviser votre or en 3 lots.

- un lot reste dans le coffre-fort
- le second dans un livre factice dans sa bibliothèque
- le dernier dans une canette de soda factice dans un placard

Si l'un de ces endroits est découvert, vous avez toujours les deux tiers de votre or en sécurité !

F. SÉCURITÉ DE LA MAISON

Vous avez décidé de stocker une partie ou la totalité de votre or à domicile ?

Il ne suffit pas de cacher intelligemment votre or, vous devez également prendre des mesures pour dissuader et prévenir les cambriolages. Voici comment vous pouvez y parvenir.

Des serrures robustes : votre première ligne de défense

La première étape pour sécuriser votre maison est de renforcer les points d'entrée tels que les portes et les fenêtres. Les serrures de haute qualité font une différence significative. Des marques comme ABUS ou Kaba sont reconnues pour leurs produits robustes et durables. Afin de rendre la tâche des cambrioleurs plus difficiles, je vous recommande d'installer des serrures à double cylindre qui nécessitent une clé à la fois de l'intérieur et de l'extérieur.

Le système d'alarme : votre veilleur silencieux

Un système d'alarme agit comme un puissant dissuasif pour les cambrioleurs. Il existe une multitude d'options disponibles sur le marché, des systèmes d'alarme traditionnels avec des capteurs de mouvement aux solutions de sécurité intelligentes comme celles proposées par Nest ou Ring. Aujourd'hui, ces systèmes sont souvent connectés à votre smartphone, ce qui vous permet d'être alerté si quelqu'un tente de pénétrer chez vous.

Les caméras de sécurité : vos yeux lorsque vous êtes absent

Les caméras de sécurité ajoutent une autre couche de protection à votre maison. Elles permettent non seulement de surveiller votre maison en temps réel, mais aussi de fournir des preuves en cas de cambriolage. Des entreprises comme Arlo ou Blink offrent une gamme de caméras de sécurité, de la simple caméra intérieure à la caméra extérieure résistante aux intempéries avec vision nocturne.

Un éclairage adéquat pour dissuader

Ne négligez pas l'importance d'un éclairage adéquat. Les maisons bien éclairées sont souvent évitées par les cambrioleurs qui préfèrent agir dans l'ombre. L'éclairage extérieur, en particulier autour des entrées, peut être dissuasif. Considérez des options comme l'éclairage sensible au mouvement ou les lumières programmées pour s'allumer et s'éteindre à certains moments, donnant l'illusion que la maison est occupée.

Chaque mesure de sécurité que vous prenez renforce la protection de votre investissement en or. N'oubliez pas que la sécurité de votre maison est tout aussi importante que la sécurité de votre or. Investissez dans des mesures de sécurité de qualité pour vous assurer que votre or reste là où il doit être : en sécurité avec vous !

Une communauté vigilante

Enfin, ne sous-estimez pas la puissance de votre communauté. Avoir des voisins vigilants qui gardent un œil sur votre maison et qui sont conscients des personnes et des véhicules étrangers dans le quartier est une des meilleures mesures de sécurité. Considérez l'idée de rejoindre ou de créer un programme de surveillance de quartier.

G. DISCRÉTION

Jouer la carte de la discrétion : quand la simplicité est la meilleure défense

Dès que l'on parle de protéger nos biens de valeur, notre premier réflexe est souvent de penser à des solutions de haute technologie et à des mesures de sécurité de pointe.

Cependant, adopter une approche plus subtile est tout aussi efficace. Parfois, les choses les plus simples s'avèrent les plus dissuasives pour les cambrioleurs. Au lieu de montrer ouvertement que vous avez quelque chose à protéger - ce que peuvent suggérer les caméras de surveillance et les systèmes d'alarme sophistiqués - vous pouvez opter pour la simplicité. Une maison qui semble ordinaire et sans objets de valeur apparents peut dissuader les cambrioleurs qui cherchent des cibles faciles et lucratives.

Discrétion et cercle de confiance

Ne divulguez pas que vous conservez de l'or chez vous. Néanmoins, informer quelques personnes de confiance, comme un membre de la famille proche ou un conseiller financier de confiance est particulièrement important si vous avez une quantité significative d'or, car en cas d'incident inattendu, il serait préférable qu'il y ait quelqu'un qui sache où se trouve votre or et comment y accéder !

Attention aux réseaux sociaux...

Avec l'omniprésence des réseaux sociaux dans notre vie quotidienne, il est tentant de partager des informations sur vos investissements ou de montrer des photos de vos pièces d'or. C'est une très mauvaise idée...

Partager de telles informations vous rend vulnérable aux vols. Assurez-vous que toutes vos publications et vos partages sur les réseaux sociaux respectent votre confidentialité et votre sécurité.

Sécurité informatique

De même, assurez-vous que vos informations financières, notamment celles concernant vos investissements en or, sont bien protégées. Utilisez des mots de passe forts et uniques pour tous vos comptes en ligne, installez un logiciel antivirus à jour sur tous vos appareils électroniques, et soyez vigilant face aux tentatives de phishing ou autres escroqueries en ligne.

H. Assurance

La possession d'or à domicile, bien que pratique, n'est pas sans risques. Même avec les mesures de sécurité les plus strictes, des incidents tels que les vols ou les incendies peuvent toujours survenir. Le risque zéro n'existe pas !

Comprendre l'importance de l'assurance

Peu importe le niveau de sécurité que vous avez mis en place chez vous, il y a toujours un risque résiduel que vous devez gérer. C'est là qu'intervient l'assurance. Une bonne assurance couvrira la valeur de votre or en cas de vol, de perte ou de dommage. C'est un investissement nécessaire, mais pas obligatoire, pour protéger votre patrimoine.

Explorer les options d'assurance

L'assurance de l'or à domicile est parfois compliquée et coûteuse, mais il existe plusieurs options à explorer. Vous pouvez rechercher des assureurs spécialisés dans l'assurance des métaux précieux. Ces entreprises comprennent les nuances de l'assurance de l'or et offrent des couvertures plus adaptées.

Alternativement, vous pouvez également envisager d'étendre votre assurance habitation existante pour couvrir votre or. Soyez conscient que toutes les polices d'assurance habitation ne couvrent pas automatiquement les biens de grande valeur comme l'or. Il se peut que vous deviez ajouter un avenant à votre police pour obtenir une couverture adéquate.

Comprendre la couverture d'assurance

Si vous souscrivez une assurance, il est crucial de comprendre exactement ce qui est couvert.

- Votre police couvre-t-elle seulement le vol ?
- Votre police couvre-t-elle aussi les dommages ou la perte accidentelle ?
- Y a-t-il des limites de couverture pour les articles individuels ou une limite globale pour l'ensemble de votre or ?

Assurez-vous de poser ces questions et d'obtenir des réponses claires.

Inventaire

Pour alléger le processus de réclamation en cas de sinistre, je vous recommande vivement de tenir une documentation claire et actualisée de votre or. En dehors de l'assurance, c'est un excellent moyen de vous rappeler exactement ce que vous détenez dans votre coffre ou dans vos cachettes !

Une méthode éprouvée pour attester de la légitimité de vos pièces et lingots d'or consiste à les peser individuellement et de les prendre en photo. En utilisant une balance de précision, vous pouvez montrer à votre assureur que chaque pièce ou lingot d'or correspond au poids standard, ce qui certifie qu'ils ne sont pas contrefaits.

Prenez des photos de chaque élément lors de cette opération de pesée, avec le poids affiché clairement à côté. Conservez également tous les reçus ou certificats d'authenticité que vous avez reçus lors de l'achat !

En outre, gardez un inventaire en temps réel de votre or, avec des descriptions détaillées et la valeur actuelle de chaque pièce ou lingot. Cette pratique facilitera grandement les éventuelles démarches d'indemnisation auprès de votre compagnie d'assurance.

Même si ces mesures semblent laborieuses, elles vous offriront une tranquillité d'esprit en prouvant sans équivoque l'authenticité et la valeur de vos investissements.

CHAPITRE 8 :

COMMENT STOCKER VOTRE OR CHEZ LES PROFESSIONNELS

A. LES AVANTAGES D'UTILISER UNE BANQUE

Une option vieille comme le monde

Une des options les plus traditionnelles pour le stockage de l'or est le coffre-fort de banque. Il s'agit de compartiments de stockage que les banques proposent à leurs clients pour stocker des objets de valeur, dont l'or. Choisir de stocker votre or dans un coffre-fort de banque peut sembler être une solution logique et rassurante. Après tout, quoi de plus sûr que la banque, n'est-ce pas ?

Sécurité renforcée

L'avantage le plus évident du stockage de l'or dans une banque est la sécurité inégalée qu'elle offre. Les banques, en raison de la nature de leur activité, disposent de systèmes de sécurité de pointe qui sont conçus pour protéger les actifs précieux de leurs clients.

Un coffre-fort de banque est habituellement installé dans une salle forte, un lieu conçu pour résister à des attaques violentes, aux incendies et même aux catastrophes naturelles. Les systèmes d'alarme sophistiqués, dotés de multiples couches de capteurs, sont là pour dissuader et signaler toute tentative d'effraction. Des caméras de surveillance surveillent constamment ces zones, et la présence de gardes de sécurité ajoute une protection humaine à la sécurité technique.

Confidentialité

En plus de la sécurité, le stockage de l'or dans une banque offre également un certain degré de confidentialité. L'accès aux coffres-forts de banque est généralement très restreint. Seul le détenteur de la clé du coffre et les personnes autorisées ont accès à son contenu. De plus, les banques ont pour politique de ne pas surveiller, ni divulguer le contenu des coffres-forts de leurs clients.

Toutefois, cette confidentialité a des limites. Dans beaucoup de juridictions, les banques sont tenues de divulguer des informations aux autorités fiscales ou judiciaires, si elles présentent un mandat légal.

B. Les inconvénients d'utiliser une banque

Absence d'assurance

Un inconvénient majeur du stockage de l'or en banque est l'absence d'assurance pour le contenu de votre coffre-fort. Contrairement à une idée reçue, les assurances des banques ne couvrent souvent que leurs propres actifs, et non ceux de leurs clients. Ce qui veut dire que si votre or est volé ou perdu, la banque n'est pas tenue de vous indemniser pour la perte.

Pour pallier à ce risque, les détenteurs d'or doivent souvent envisager de souscrire à une assurance supplémentaire qui couvre spécifiquement les objets de valeur stockés dans les coffres de banque, ce qui représente des frais supplémentaires.

Accès limité

L'accès à votre or stocké dans un coffre-fort de banque est limité aux heures d'ouverture de la banque. Si un besoin urgent se produit en dehors des heures d'ouverture de la banque, vous ne pourrez pas accéder à votre or... De plus, lors des jours fériés ou d'événements exceptionnels, les banques restent fermées pendant plusieurs jours consécutifs, retardant encore votre accès à votre or.

Confidentialité relative

Bien que les banques offrent un certain niveau de confidentialité, celle-ci n'est pas absolue. En cas d'enquête judiciaire ou fiscale, les autorités peuvent obtenir l'autorisation d'accéder à votre coffre.

Dans certaines juridictions, les banques sont légalement tenues de divulguer des informations sur les coffres de leurs clients avec ou sans enquête. Par conséquent, la confidentialité offerte par le stockage de l'or en banque dépend en grande partie de la juridiction dans laquelle vous vous trouvez.

Les crises financières et les "bank runs"

Il est important de considérer un scénario qui, bien que peu probable, peut avoir des conséquences catastrophiques : une crise financière majeure ou un "bank run". Dans ces situations, les banques qui se retrouvent en faillite ou subissent des contrôles de capitaux restrictifs, peuvent vous empêcher d'accéder à votre or.

Pendant la crise financière de 2008, certaines banques ont été contraintes de fermer, laissant leurs clients sans accès à leurs coffres. Durant la crise économique à Chypre en 2013, des contrôles de capitaux stricts ont été imposés, et les clients n'avaient plus accès à leurs dépôts, y compris les coffres-forts...

Dans d'autres pays, les gouvernements sont parfois allés jusqu'à saisir directement l'or dans les coffres pour régler une dette ou une crise...

C. Les avantages des entreprises spécialisées

Sécurité avancée et assurance

L'un des principaux avantages de l'utilisation des entreprises spécialisées est le niveau de sécurité qu'elles offrent. Ces entreprises sont équipées d'infrastructures de pointe, de systèmes de surveillance 24/7 et de protocoles de sécurité rigoureux pour garantir la sécurité de votre or. En outre, contrairement à la plupart des banques, elles offrent souvent des solutions d'assurance qui couvrent la valeur intégrale de votre or en cas de sinistre, ce qui renforce davantage la sécurité de votre investissement.

Flexibilité d'accès

La flexibilité est un autre avantage important. Alors que les banques sont généralement limitées par leurs horaires d'ouverture, les entreprises spécialisées offrent souvent un accès à votre or 24/7. Que vous ayez besoin de votre or en urgence ou que vous souhaitiez simplement vérifier votre dépôt, vous aurez la liberté de le faire à tout moment.

Emplacement stratégique

Enfin, l'emplacement de ces entreprises est un atout majeur. Plusieurs de ces entreprises spécialisées, comme GoldSwitzerland (Matterhorn Asset Management), offrent des options de stockage d'or en Suisse. La Suisse, reconnue pour sa stabilité politique et économique, n'a pas connu de conflit sur son sol depuis la Guerre du Sonderbund en 1847. Cette stabilité de plus de 170 ans fait de la Suisse un refuge sûr pour l'or. Ce facteur est particulièrement attractif pour ceux qui souhaitent diversifier les lieux de stockage de leur or à l'échelle internationale afin de réduire les risques.

Hong Kong et Singapour sont 2 autres destinations de choix que les entreprises proposent souvent pour le stockage de l'or. Hong Kong est une place financière mondiale reconnue avec une forte gouvernance et une grande stabilité. En outre, sa proximité avec la Chine, le plus grand consommateur d'or du monde, peut être un avantage pour certains investisseurs.

Singapour, quant à elle, est considérée comme l'un des pays les plus sûrs et les plus stables au monde. En plus d'une forte gouvernance et d'un environnement réglementaire robuste, Singapour offre une grande sécurité physique, avec un taux de criminalité extrêmement bas.

Le Royaume-Uni est une autre destination populaire pour le stockage de l'or, en particulier Londres, l'une des principales places de marché pour l'or au monde. Avec une histoire longue et riche dans le commerce de l'or, le Royaume-Uni offre une expertise inégalée et des infrastructures de stockage hautement sécurisées. De plus, le système juridique britannique est bien établi et offre une grande protection aux investisseurs.

D. LES INCONVÉNIENTS DES ENTREPRISES SPÉCIALISÉES

Les coûts associés

Le premier inconvénient du stockage de l'or auprès d'entreprises spécialisées est le coût. Certaines entreprises facturent généralement des frais de stockage qui sont calculés en fonction de la valeur de l'or que vous stockez avec elles. Plus vous stockez d'or, plus les frais seront élevés. Ces frais s'accumulent, surtout si vous prévoyez de stocker votre or pendant une longue période.

L'accès à votre or

Un autre inconvénient à considérer est l'accès à votre or. Si votre or est stocké à l'étranger, il sera difficile d'y accéder rapidement en cas de besoin.

Si vous habitez en France et que vous faites stocker votre or en Asie, Hong Kong et Singapour étant souvent des lieux prisés par les entreprises de stockage, il vous sera difficile d'accéder rapidement à votre or.

De manière générale, privilégiez les places de stockage proches de chez vous. Admettons que les frais soient plus élevés sur une plateforme en Suisse qu'à Hong Kong : il serait plus judicieux de choisir quand même la Suisse, si vous souhaitez accéder plus rapidement à votre or.

De plus, certaines entreprises imposent des restrictions sur le retrait de votre or, ce qui pose problème si vous avez besoin de vendre une partie de votre or rapidement.

Les risques géopolitiques

Si votre or est stocké à l'étranger, il est soumis aux lois et régulations de ce pays. Cela peut poser problème en cas de changement de législation ou de situation politique. Par exemple, en cas de crise financière ou politique, l'accès à votre or peut être limité voire même bloqué.

Cependant les entreprises de stockage ne sont pas “bêtes” car la plupart du temps elles sont situées dans des juridictions réputées pour leurs fiabilités. Ce n'est pas pour rien que la plupart d'entre elles sont situées en Suisse, à Hong Kong, à Singapour, au Canada ou au Royaume-Uni !

La confiance

Enfin, le stockage de l'or nécessite une grande confiance en l'entreprise de stockage que vous avez choisie. Même si ces entreprises sont la plupart du temps bien réglementées et surveillées, il existe toujours un risque de fraude ou de faillite. Faites des recherches approfondies et choisissez une entreprise avec une bonne réputation et une longue expérience dans le stockage de l'or.

Ce qu'il faut savoir avant de choisir une entreprise de stockage

1. L'évaluation de la réputation de l'entreprise

Avant tout, vous devez vérifier la réputation de l'entreprise qui va stocker votre or. Renseignez-vous sur leur expérience dans le domaine, les avis des clients et vérifiez leur existence légale. Des sites comme Trustpilot ou Google Reviews vous donneront un aperçu des expériences des autres clients avec l'entreprise.

2. Les coûts liés aux services de l'entreprise

Avoir une idée claire des coûts associés au stockage de votre or est nécessaire pour ne pas avoir de mauvaises surprises. Ces frais incluent généralement les coûts de stockage (généralement un pourcentage de la valeur de votre or), les frais de transaction, les frais de retrait, etc.

Une comparaison des frais entre différentes entreprises doit vous aider à faire un choix économiquement judicieux. N'oubliez pas, stocker votre or est important mais vous ne devez pas hypothéquer sa valeur !

3. Les protocoles de sécurité mis en place

Pour être détendu et serein, vous devez comprendre comment votre or sera stocké et protégé :

- coffres-forts sécurisés,
- systèmes d'alarme,
- gardes de sécurité,
- surveillance vidéo,
- contrôles d'accès électroniques,
- etc.

Assurez-vous que l'entreprise a des protocoles de sécurité robustes pour protéger votre investissement.

4. La politique d'assurance de l'entreprise

Une bonne entreprise de stockage d'or doit absolument avoir une assurance adéquate pour couvrir tout vol, perte ou dommage de l'or qu'elle stocke. Vérifiez quel type d'assurance l'entreprise a, et surtout ce qu'elle couvre exactement. Si l'information n'est pas claire malgré les explications, passez votre chemin.

5. Les conditions de récupération de votre or

Il est également crucial de comprendre comment vous pouvez récupérer votre or lorsque vous en aurez besoin. Certaines entreprises demandent des préavis, tandis que d'autres vous permettent d'accéder à votre or 24/7. Comprendre ces conditions à l'avance est essentiel pour éviter toute surprise désagréable...

6. L'accessibilité de votre or

Enfin, assurez-vous de comprendre comment vous pouvez accéder à votre or. Certaines entreprises offrent un accès en ligne à votre inventaire, ce qui est pratique pour le suivi. D'autres peuvent vous permettre d'accéder physiquement à votre or dans leurs installations, à condition bien sûr de vous situer dans les villes où sont placés les coffres-forts.

E. Des entreprises de stockage

Swiss Gold Safe Ltd.

Swiss Gold Safe Ltd est une entreprise suisse de stockage privé qui propose des solutions de stockage sécurisées pour l'or et autres métaux précieux, sans exigence minimale de dépôt. Elle offre des services de location de coffres-forts et de boîtes de dépôt dans des emplacements sécurisés en Suisse et au Liechtenstein.

BullionVault

BullionVault est une plateforme en ligne qui permet d'acheter, de vendre et de stocker de l'or et de l'argent physique en toute sécurité dans des coffres-forts situés à Zurich, Londres, New York, Toronto et Singapour. Il n'y a pas de dépôt minimum pour commencer à utiliser BullionVault, ce qui rend cette option accessible à une grande variété d'investisseurs. En plus de son service de stockage, BullionVault offre également une plateforme de trading où les utilisateurs achètent et vendent de l'or et de l'argent à d'autres utilisateurs.

Global Precious Metals

Global Precious Metals est une société basée à Singapour qui offre des solutions de stockage sécurisées pour l'or et autres métaux précieux. Leur dépôt minimum est de 10 000 dollars US.

Avec des emplacements de stockage à Singapour, Zurich et à Hong Kong, cette entreprise offre une protection géographique diversifiée pour vos investissements.

De plus, ils proposent également des services de consultation en investissement pour aider les investisseurs à optimiser leurs portefeuilles de métaux précieux.

GoldSilver Central

GoldSilver Central est une autre entreprise basée à Singapour qui offre des services de stockage d'or. Leur dépôt minimum est de 5 000 dollars de Singapour (environ 3 700 dollars US). Leurs installations de stockage sont assurées par Lloyd's of London, offrant ainsi une tranquillité d'esprit supplémentaire aux investisseurs. GoldSilver Central propose également des services de rachat d'or, ce qui peut être pratique si vous décidez de vendre une partie de votre or à l'avenir.

Perth Mint

Perth Mint est une entreprise australienne de réputation mondiale qui propose des services de stockage d'or. Leur dépôt minimum est de 1 000 dollars australiens (environ 750 dollars US). Les installations de Perth Mint sont parmi les plus sécurisées du monde et sont assurées par le gouvernement d'Australie Occidentale, offrant une tranquillité d'esprit. Ils offrent également un service de rachat d'or, ce qui peut être utile si vous décidez de vendre votre or à l'avenir.

→ Le choix de l'entreprise pour stocker votre or est une décision importante qui ne doit pas être prise à la légère. Faites vos recherches, posez des questions et choisissez l'entreprise qui correspond le mieux à vos besoins. Mon dernier conseil est de prendre le temps, il ne faut pas vous précipiter sur la première entreprise de stockage qui vous paraît adéquate. Comme pour tout investissement, il est judicieux de comparer les différents acteurs du marché afin de choisir le plus rentable pour vous !

Votre avis compte vraiment !

Je serais honoré de voir votre avis sincère.

Vous aidez à améliorer ce livre pour les futurs lecteurs.

Dites-nous ce que vous avez aimé et ce qui pourrait être amélioré.

Merci d'avance pour votre contribution !

PARTIE 3 : L'OR PAPIER

"On doit choisir soit de faire confiance à la stabilité naturelle de l'or,
soit faire confiance à la stabilité naturelle de l'honnêteté et de l'intelligence des membres du gouvernement.
Avec tout le respect que je dois à ces dignes personnages,
je vous conseille fortement de voter pour l'or..."

George Bernard Shaw

Introduction à l'or papier

Définition et fonctionnement de l'or papier

L'or papier désigne l'ensemble des instruments financiers offrant une exposition à l'or sans nécessiter de possession physique. Ces instruments se présentent sous différentes formes : les actions de sociétés minières d'or, les obligations adossées à l'or, les contrats à terme sur l'or, les options sur l'or, les certificats d'or et, de manière très courante, les fonds négociés en bourse (ETF) adossés à l'or.

L'or papier fonctionne sur la base d'un contrat entre 2 parties, l'investisseur et l'émetteur de l'or papier. En fonction du type d'instrument choisi, l'investisseur peut tirer profit de la hausse du prix de l'or, de l'activité d'une entreprise minière d'or, ou du rendement d'un portefeuille d'actifs liés à l'or.

Différence entre l'or papier et l'or physique

L'or physique, comme son nom l'indique, désigne le métal précieux sous forme tangible que vous pouvez tenir entre vos mains : pièces d'or, lingotins et lingots.

L'or papier représente un investissement dans l'or sans posséder réellement le métal. En investissant dans l'or papier, vous possédez un contrat qui représente une certaine quantité d'or. Il offre l'avantage de la liquidité et de la facilité de transaction, mais il comporte aussi des risques, notamment celui de la contrepartie, car vous dépendez de l'émetteur du contrat pour honorer son engagement.

CHAPITRE 9 : LES CONTRATS À TERME ET LES CERTIFICATS D'OR

A. LES CONTRATS À TERME

Un accord légal pour acheter ou vendre à une date future

Un contrat à terme sur l'or, plus couramment appelé "future", est un accord légal pour acheter ou vendre une certaine quantité d'or à une date future déterminée et à un prix fixé à l'avance.

Ces contrats sont négociés sur des bourses de marchandises, comme le COMEX aux États-Unis.

Un levier financier

Le principal attrait des contrats à terme réside dans le levier financier qu'ils offrent. Un investisseur peut contrôler une grande quantité d'or pour une petite somme d'argent déposée à l'avance (la marge). Ce levier peut amplifier les gains potentiels, mais aussi les pertes...

Un autre aspect séduisant est la liquidité élevée de ces marchés, ce qui signifie qu'il est facile d'acheter et de vendre des contrats à terme. Cependant, il faut noter que les contrats à terme sur l'or sont un terrain de jeu complexe qui nécessite une compréhension approfondie des marchés financiers.

B. Les certificats d'or

Un titre de propriété

Un certificat d'or est, en essence, un titre de propriété pour un certain montant d'or. Historiquement, les certificats d'or étaient émis par des banques qui stockaient l'or pour le compte de leurs clients. Aujourd'hui, de nombreux émetteurs différents, y compris des gouvernements et des sociétés privées, offrent des certificats d'or.

Investir dans des certificats d'or offre l'avantage d'éviter les tracas et les coûts liés au stockage et à l'assurance de l'or physique. C'est un moyen commode d'investir dans l'or, surtout pour ceux qui ne souhaitent pas gérer l'or physique.

Le risque de contrepartie

Comme pour tout investissement, les certificats d'or présentent des risques. Le plus notable est le risque de contrepartie : si l'émetteur du certificat fait faillite ou n'honore pas son engagement, l'investisseur perd tout ou partie de son investissement.

→ Personnellement, je ne vous recommande pas l'utilisation des contrats à terme et des certificats d'or si vous êtes débutant, car c'est beaucoup trop complexe et risqué. En général, peu d'investisseurs s'en sortent... Les options que je vous présente par la suite sont beaucoup plus simples et rentables pour des débutants et des intermédiaires.

CHAPITRE 10 : LES ETF SUR L'OR

A. Introduction aux ETF sur l'or

Qu'est-ce qu'un ETF ?

Un ETF, ou fonds négocié en bourse, est une sorte de "panier" qui contient différents types d'investissements. Il peut contenir des actions, des obligations, des matières premières, et même de l'or.

Imaginez un gros coffre-fort qui contient de l'or. C'est l'ETF.

Maintenant, au lieu d'acheter un lingot d'or entier (ce qui pourrait être très coûteux), vous pouvez acheter une petite part de ce coffre-fort.

Quand le prix de l'or augmente, la valeur de votre part de l'ETF sur l'or augmente aussi.

C'est une manière plus facile et moins coûteuse d'investir dans l'or, car vous n'avez pas besoin de vous soucier du stockage et de la sécurité de l'or physique. Vous achetez et vendez vos parts de l'ETF sur un marché boursier, tout comme vous le feriez avec des actions d'une entreprise.

Comment fonctionnent les ETF sur l'or ?

Les ETF sur l'or sont conçus pour refléter le prix de l'or sur le marché. Quand vous investissez dans un ETF sur l'or, vous n'achetez pas directement de l'or, mais plutôt une "part" de cet or détenu par le fonds.

Chaque "part" d'un ETF sur l'or représente une certaine quantité d'or.

Il existe 2 types principaux d'ETF sur l'or :

- ceux qui détiennent de l'or physique
- ceux qui utilisent une réplication synthétique

Les ETF sur l'or qui détiennent de l'or physique sont conçus pour suivre le prix de l'or. Ces fonds achètent et conservent de l'or dans des coffres-forts sécurisés. Dès qu'un investisseur achète ce type d'ETF, il achète en réalité une "part" de cet or. Cependant, vous n'avez pas le droit de retirer l'or physique de ces fonds.

D'autre part, certains ETF sur l'or utilisent la réplication synthétique pour suivre le prix de l'or. Plutôt que d'acheter et de stocker de l'or physique, ces fonds utilisent des produits dérivés pour imiter le mouvement des prix de l'or. Les dérivés incluent des contrats à terme ou des options sur l'or. Ces fonds n'achètent pas réellement d'or, ils concluent plutôt des accords financiers basés sur le prix de l'or. C'est une façon plus complexe de s'exposer au prix de l'or.

B. Les avantages des ETF sur l'or

Potentiel de rendement élevé

L'un des principaux avantages des ETF sur l'or est leur potentiel de rendement élevé, notamment grâce à l'efficacité de la réplication de l'évolution du prix de l'or et l'exposition aux sociétés minières d'or.

→ Un ETF sur l'or qui détient de l'or physique a pour objectif de refléter fidèlement l'évolution du prix de l'or sur le marché. Lorsque le prix de l'or augmente, la valeur de l'ETF augmente en théorie proportionnellement. Les investisseurs profitent de la hausse du prix de l'or sans avoir à détenir de l'or physique.

→ Certains ETF sur l'or investissent dans des actions de sociétés minières. Ces sociétés génèrent parfois des bénéfices significatifs. Ainsi, un ETF qui détient des actions de ces sociétés bénéficiera de ces dynamiques positives et offrira un rendement potentiellement élevé à ses investisseurs.

Dividendes

→ Un dividende est une somme d'argent qu'une entreprise ou un ETF verse à ses investisseurs à partir de ses bénéfices.

Certains ETF sur l'or versent des dividendes aux investisseurs. Cela va dépendre de la structure de l'ETF. On distingue 2 types d'ETF :

- les ETF distribuants
- les ETF capitalisants

→ Les ETF distribuants versent les dividendes directement aux investisseurs sous forme de revenu. Ce type d'ETF est attrayant pour les investisseurs qui cherchent à générer un revenu régulier. Par exemple, un ETF sur l'or qui possède des actions de sociétés minières d'or distribuera les dividendes reçus de ces sociétés aux investisseurs de l'ETF.

→ Les ETF capitalisants réinvestissent automatiquement les dividendes dans le fonds, ce qui augmente la valeur des parts de l'ETF. Pour un investisseur, cela signifie que la valeur de son investissement dans l'ETF peut augmenter avec le temps, mais il ne recevra pas de flux de revenus régulier sous forme de dividendes.

Les ETF qui détiennent de l'or physique ne versent généralement pas de dividendes, car l'or lui-même ne génère aucun revenu ! Il est donc essentiel de comprendre la structure de l'ETF avant d'investir, et de considérer si un flux de revenus régulier est important pour vous.

Liquidité élevée

Le principal avantage des ETF sur l'or est leur haute liquidité. La liquidité, dans le contexte financier, se réfère à la facilité avec laquelle un actif, dans ce cas les parts de l'ETF, peut être acheté ou vendu sur le marché sans affecter son prix. Un actif est dit liquide si vous pouvez le vendre rapidement, à tout moment, et à un prix proche de sa valeur réelle sur le marché.

En termes pratiques, la liquidité d'un ETF dépend de plusieurs facteurs, dont le volume de transactions quotidiennes et la taille de sa capitalisation boursière.

Le volume de transactions quotidien vous donne une idée du nombre de parts de l'ETF qui sont achetées et vendues chaque jour. Un volume de transactions élevé signifie généralement que vous pourrez vendre vos parts rapidement si vous en avez besoin.

D'autre part, la taille de la capitalisation boursière de l'ETF (la valeur totale de toutes les parts de l'ETF) est également un indicateur important de sa liquidité. Une capitalisation boursière élevée signifie qu'il y a beaucoup d'investisseurs impliqués dans l'ETF, ce qui augmente la probabilité de trouver un acheteur lorsque vous voulez vendre. De manière générale, je considère qu'une capitalisation de 500 millions de dollars est un minimum pour être sûr d'avoir une bonne liquidité.

Accès facile à l'investissement en or

Investir dans l'or à travers les ETF permet de profiter des mouvements de prix de l'or sans avoir à gérer les complexités et les coûts liés à l'achat, au stockage et à l'assurance de l'or physique. Les ETF sur l'or sont négociés comme des actions ordinaires sur les bourses, ce qui signifie que vous pouvez les acheter et les vendre à tout moment pendant les heures de marché à travers votre compte de courtage.

Cette facilité d'accès rend l'investissement en or accessible à un large éventail d'investisseurs. Que vous soyez un investisseur occasionnel avec un budget limité ou un investisseur institutionnel avec des millions à investir, les ETF sur l'or vous offrent la possibilité d'ajouter l'or à votre portefeuille d'investissement de manière simple.

De plus, ces ETF permettent une diversification facile de votre portefeuille. Avec un seul achat, vous pouvez obtenir une exposition à l'or qui est répartie sur plusieurs actifs, des mines d'or au société de raffinage d'or, en passant par les réserves de lingots, minimisant ainsi les risques associés à l'investissement dans un seul actif.

C. Les risques des ETF sur l'or

Risque de contrepartie

L'un des principaux inconvénients des ETF sur l'or réside dans le risque de contrepartie. Ce risque se présente surtout sur les ETF à réplication synthétique. Dans ce cas, l'ETF utilise des produits dérivés, tels que des contrats à terme ou des swaps, pour imiter la performance de l'or plutôt que de détenir de l'or physique. La performance de l'ETF dépend en fin de compte de la capacité de la contrepartie (généralement une banque d'investissement) à honorer ses obligations contractuelles.

Si la contrepartie fait faillite ou est incapable de respecter ses obligations, vous risquez de perdre tout ou partie de votre investissement. C'est pourquoi, vous devez vous assurer que vous êtes à l'aise avec le niveau de risque de contrepartie auquel vous vous exposez.

Il existe des ETF sur l'or qui détiennent de l'or physique, ce qui élimine le risque de contrepartie. Cependant, même dans ce cas, il y a toujours un risque que l'or ne soit pas stocké de manière sûre, ou que l'entreprise qui gère l'ETF fasse faillite. Il est donc essentiel de vérifier la manière dont l'or est stocké et de comprendre la solvabilité de l'entreprise qui gère l'ETF avant d'investir.

Frais de gestion

Comme pour tout fonds d'investissement, les ETF sur l'or sont soumis à des frais de gestion qui sont déduits de la valeur totale de votre investissement. Ces frais couvrent les coûts de gestion du fonds :

- les coûts d'achat et de vente de l'or,
- les frais de stockage,
- les coûts administratifs,
- les honoraires du gestionnaire de fonds,
- les impôts,
- etc.

Des frais de gestion supérieurs à 0,5 % grignotent sérieusement vos rendements, surtout si l'or ne performe pas particulièrement bien.

→ Ma règle personnelle est de ne pas investir dans des ETF qui prennent des frais supérieurs à 0,5 % !

Pour comprendre pourquoi, considérez que les frais de gestion sont déduits de la valeur de votre investissement chaque année, indépendamment de la performance du fonds. Ainsi, si l'ETF sur l'or ne génère pas un rendement suffisant pour couvrir les frais de gestion, votre investissement perd de la valeur.

→ C'est ici qu'intervient le concept des "intérêts composés inversés".

Pour faire simple, les intérêts composés sont le principe par lequel vous gagnez des intérêts sur vos intérêts : votre capital croît de façon exponentielle. En revanche, lorsqu'il s'agit de frais, c'est l'inverse qui se produit. Chaque année, ces frais sont prélevés sur l'ensemble de votre investissement, y compris sur tout gain que vous auriez pu réaliser. En d'autres termes, votre capital diminue de façon exponentielle si les frais sont trop élevés et si les performances de l'ETF ne sont pas suffisantes pour les couvrir.

Pas de possession physique

Un des principaux inconvénients des ETF sur l'or est qu'ils ne vous donnent pas la possibilité de posséder physiquement de l'or. Ce fonds est géré par une institution financière, et c'est cette institution qui détient physiquement l'or.

Même si vous êtes investisseur dans un ETF sur l'or, vous n'avez pas le droit de réclamer l'or physique qui est détenu par le fonds. Vous ne pouvez que vendre vos parts de l'ETF pour récupérer la valeur monétaire correspondante à votre investissement.

C'est un inconvénient pour ceux qui souhaitent détenir de l'or comme protection contre les risques financiers. En effet, en cas de crise financière majeure ou de faillite de l'institution qui gère le fonds, il pourrait être difficile, voire impossible, de récupérer la valeur de votre investissement.

De plus, certains investisseurs apprécient l'aspect tangible de l'or, le fait de pouvoir le tenir entre leurs mains. Avec un ETF sur l'or, vous n'avez pas cette satisfaction !

D. Comment choisir un ETF sur l'or ?

La taille de l'ETF

Exprimée en termes de capitalisation boursière, la taille de l'ETF indique combien d'argent est investi dans le fonds. Plus la capitalisation boursière est élevée, plus l'ETF est considéré comme stable et moins il est susceptible d'être affecté par des mouvements de marché importants.

→ Personnellement, je recommande d'investir uniquement dans des ETF qui ont une capitalisation minimum de 500 millions de dollars. En effet, c'est une bonne indication de la popularité de l'ETF et de sa capacité à résister aux fluctuations du marché.

La liquidité de l'ETF

La liquidité de l'ETF est un autre facteur essentiel à considérer. Elle se réfère à la facilité avec laquelle vous pouvez acheter ou vendre des parts de l'ETF. Un ETF est considéré comme liquide s'il y a un grand nombre de parts échangées chaque jour. Les ETFs avec une forte liquidité permettent d'entrer et de sortir de positions facilement, sans subir d'impact significatif sur le prix des parts.

Le volume d'échange moyen quotidien indique combien de parts de l'ETF sont achetées et vendues en moyenne chaque jour.

Ce chiffre se trouve généralement sur le site internet de l'ETF ou sur des sites comme Yahoo Finance ou Google Finance.

→ Un volume d'échange élevé (par exemple, en millions de parts par jour) indique une forte liquidité. Pour les investisseurs plus conservateurs, un volume d'échange minimum moyen quotidien de 100 000 parts est souvent recommandé.

L'évolution de sa valeur boursière

Tout comme la valeur de l'or, la valeur d'un ETF sur l'or fluctue avec le temps. C'est pourquoi il est essentiel de vérifier l'évolution de la valeur de l'ETF que vous envisagez d'acheter avant de prendre une décision.

Consulter l'historique des prix

L'historique des prix d'un ETF donne une vue d'ensemble de la façon dont sa valeur a évolué au fil du temps. Il existe de nombreux sites, comme Yahoo Finance ou Google Finance, où vous pouvez consulter l'historique des prix d'un ETF.

Recherchez le code ISIN de l'ETF pour trouver facilement son historique des prix.

→ L'ISIN, ou International Securities Identification Number (Numéro d'Identification International des Valeurs Mobilières en français), est un code unique qui sert à identifier les titres financiers, tels que les actions, les obligations, les ETF, etc., sur les marchés internationaux.

En d'autres termes, l'ISIN est comme une "carte d'identité" pour les titres financiers. Il est constitué de 12 caractères alphanumériques : les deux premiers caractères représentent le pays d'émission du titre, les neuf caractères suivants sont un code unique pour le titre lui-même, et le dernier caractère est une clé de contrôle.

Comparer avec le prix de l'or

Pour évaluer la performance d'un ETF sur l'or, il est utile de le comparer avec le prix de l'or lui-même. Idéalement, l'ETF devrait suivre de près le prix de l'or. Si l'ETF ne suit pas le prix de l'or de manière satisfaisante, ce n'est sûrement pas un bon signe.

Examiner la performance pendant les crises financières

Comme l'or est considéré comme une valeur refuge pendant les crises financières, il est intéressant de vérifier comment l'ETF a performé pendant les périodes de turbulences.

Pendant la crise financière de 2008, le prix de l'or a augmenté de près de 24% tandis que le S&P 500, un indice boursier largement suivi, a diminué de 38%. Les ETF sur l'or qui ont réussi à maintenir ou à augmenter leur valeur pendant cette période ont démontré leur potentiel en tant que couverture contre l'instabilité du marché. Si l'ETF que vous voulez acheter "ne résiste pas" aux crises alors ne l'achetez pas, car ça signifie qu'il ne fait pas "son travail" !

L'importance de choisir le bon émetteur

Vérifier la réputation de l'émetteur

Vous pouvez consulter des sites d'informations financières réputés pour lire des avis sur l'émetteur. Bloomberg, Morningstar, et Yahoo Finance sont des sources crédibles qui fournissent des analyses approfondies sur les émetteurs d'ETF.

Analyser la taille de l'émetteur

La taille d'un émetteur d'ETF est une bonne indication de sa stabilité et de sa capacité à gérer efficacement l'ETF. Vous pouvez vérifier la taille de l'émetteur en termes d'actifs sous gestion (AUM). En général, un émetteur avec un grand AUM est considéré comme plus stable.

Examiner la transparence de l'émetteur

Vous pouvez vérifier la fréquence des rapports publiés par l'émetteur, et s'ils fournissent des informations détaillées sur l'ETF, comme la composition du portefeuille, la performance et les frais.

Les principaux émetteurs d'ETF

- BlackRock (iShares) : BlackRock est le plus grand gestionnaire d'actifs au monde, avec plus de 9,4 billions de dollars d'actifs sous gestion en 2023 ! Leurs ETF iShares sont parmi les plus populaires et les plus négociés dans le monde.

- Vanguard : Vanguard est l'un des plus grands fournisseurs d'ETF au monde, réputé pour ses fonds à faible coût. Au 30 avril 2023, Vanguard gérait environ 8,1 billions de dollars d'actifs dans le monde. Bien qu'ils soient mieux connus pour leurs ETF sur les actions et les obligations, Vanguard propose également des ETF sur l'or.

- Amundi : Amundi est le plus grand gestionnaire d'actifs en Europe et l'un des dix plus grands au niveau mondial, avec plus de 1,7 billion d'euros d'actifs sous gestion en 2021. Basé en France, Amundi est bien connu pour ses ETF qui couvrent un large éventail de catégories d'actifs, y compris les matières premières comme l'or.

- VanEck : VanEck est un émetteur réputé d'ETF sur les matières premières. Leur ETF sur l'or, le VanEck Vectors Gold Miners ETF (GDX), est l'un des plus importants dans ce secteur.

- Invesco : Invesco est un émetteur d'ETF de premier plan avec une gamme d'ETF sur l'or.

Les frais de gestion

Comme nous l'avons vu précédemment, ces frais sont les coûts annuels que l'émetteur de l'ETF prélève pour gérer le fonds. Ils sont exprimés en pourcentage de l'actif net du fonds et sont déduits directement de la valeur de l'ETF.

Par exemple, pour un ETF qui a des frais de gestion de 0,40 %, 4 $ seront prélevés chaque année pour couvrir les frais de gestion, pour chaque 1000 $ investis.

Rappelez-vous que ces frais sont déduits indépendamment de la performance de l'ETF. Peu importe si le prix de l'or baisse ou que la valeur de votre investissement diminue, vous devrez toujours payer les frais de gestion.

L'impact des frais de gestion peut sembler minime à court terme, mais à moyen et long terme, ils ont un effet significatif sur le rendement de votre investissement.

Par exemple, sur une période de 10 ans, un ETF avec des frais de gestion de 0,40 % coûtera 4% de votre investissement initial, sans tenir compte de l'effet des intérêts composés inversés...

→ C'est pour cela que je vous ai recommandé des ETF avec des frais de gestion de 0,5 % ou moins. Au dessus, le seul qui va vraiment s'enrichir sera l'émetteur...

Exemples d'ETF populaires

Attention, cette liste ne constitue pas une recommandation. L'investissement nécessite toujours une recherche approfondie et une compréhension de vos propres besoins et tolérances au risque.

La performance passée d'un ETF n'est pas une garantie de sa performance future. Par conséquent, il est essentiel de comprendre pleinement l'ETF avant d'investir. Les informations clés sur chaque ETF sont trouvables dans leur document d'information clé pour l'investisseur (KID) et leur prospectus, qui sont disponibles sur le site de l'émetteur de l'ETF.

- SPDR Gold Shares (GLD) : c'est l'un des plus grands et des plus populaires ETF sur l'or. Il vise à refléter le prix de l'or au comptant et a été le premier ETF à permettre aux investisseurs d'accéder au marché de l'or. Le code ISIN de GLD est US78463V1070.

- iShares Gold Trust (IAU) : c'est un autre ETF important qui donne aux investisseurs une exposition au prix de l'or. Il est géré par BlackRock, la plus grande société de gestion d'actifs au monde. Son code ISIN est US4642851053.

CHAPITRE 11 :

LES ACTIONS DE SOCIÉTÉS MINIÈRES

A. INTRODUCTION AUX ACTIONS DE SOCIÉTÉS MINIÈRES

Qu'est-ce qu'une action ?

Une action est une part de propriété dans une entreprise. Lorsque vous achetez une action, vous devenez actionnaire, c'est-à-dire propriétaire d'une petite partie de cette entreprise.

Imaginez une entreprise comme un gâteau.

- Chaque action serait une petite part de ce gâteau.
- Si vous achetez une action, vous possédez une petite part de ce gâteau.
- Plus vous achetez d'actions, plus votre part du gâteau est grande.

Les actions sont achetées et vendues sur un marché boursier, comme le CAC 40 en France ou le New York Stock Exchange aux États-Unis. Le prix d'une action varie en fonction de l'offre et la demande sur le marché, ainsi que de la performance financière de l'entreprise et des attentes des investisseurs.

Si vous possédez des actions, vous avez le droit de recevoir une part des bénéfices de l'entreprise, sous forme de dividendes. Toutefois, toutes les entreprises ne versent pas de dividendes.

Vous avez également le droit de vote aux assemblées générales de l'entreprise, ce qui vous permet d'influencer ses décisions stratégiques.

Comment fonctionnent les sociétés minières ?

Les actions de sociétés minières d'or représentent une part de propriété dans une entreprise qui se consacre à la prospection, l'extraction, la transformation et la vente de l'or.

Investir dans ces actions, c'est en quelque sorte prendre part à l'industrie de l'or. Avec l'or physique, vous possédez un bien tangible, en investissant dans des actions de sociétés minières d'or, vous investissez dans les opérations commerciales qui mènent à l'exploitation de ce précieux métal.

Investir dans l'or physique ou les actions de sociétés minières ?

Quand on investit dans l'or physique on possède réellement de l'or qui est tangible, immuable et qui garde une valeur intrinsèque. De plus, cet or n'est pas soumis à un risque de faillite ou à d'autres risques associés aux entreprises.

Investir dans des actions de sociétés minières d'or est une forme d'investissement indirect dans l'or.

Le principal avantage de l'investissement dans les actions de sociétés minières est le potentiel de rendement plus élevé. Les sociétés minières peuvent :

- augmenter leur production d'or
- découvrir de nouvelles réserves d'or
- réduire leurs coûts de production

Enfin, la performance des actions de sociétés minières n'est pas toujours directement liée au prix de l'or. Par exemple, une société minière peut obtenir de mauvais résultats même si le prix de l'or augmente, en raison de problèmes internes à l'entreprise.

B. Les différents types de sociétés minières

Les majors, les intermédiaires et les juniors

Les majors

Ces entreprises sont les géants de l'industrie minière, avec des opérations de production d'or à grande échelle réparties dans plusieurs pays. Elles ont souvent des décennies d'expérience dans l'exploitation minière et sont réputées pour leur stabilité. Des exemples de ces sociétés incluent Barrick Gold, Newmont Corporation et AngloGold Ashanti. Toutefois, leurs grandes tailles limitent leur potentiel de croissance.

Les sociétés minières intermédiaires

Ces sociétés se situent entre les majors et les juniors en termes de taille et de production. Elles ont généralement quelques mines en exploitation et d'autres projets en développement. Les sociétés minières intermédiaires offrent un bon équilibre entre le potentiel de croissance et le risque. Agnico Eagle Mines et Yamana Gold sont des exemples de ces types de sociétés.

Les juniors

Ces sociétés sont les plus petites de l'industrie aurifère. Elles se concentrent généralement sur l'exploration et le développement de nouvelles mines. Les juniors offrent généralement un plus grand potentiel de croissance si leurs projets d'exploration sont couronnés de succès, mais ils comportent également des risques plus élevés. De nombreux juniors ne réalisent pas encore de bénéfice et dépendent de financements pour leurs opérations. Des exemples de ces sociétés incluent Kinross Gold et Eldorado Gold.

Les sociétés d'exploration, les sociétés d'exploitation, les sociétés de fonderie/raffinage et les sociétés minières diversifiées

Au-delà des distinctions par taille et niveau de production, les sociétés minières sont également classées en fonction des phases de l'industrie minière auxquelles elles participent.

Les sociétés d'exploration

Ces sociétés sont au stade initial de l'industrie minière. Elles se concentrent sur la recherche de nouveaux gisements d'or, souvent dans des zones non développées ou sous-explorées.

Les sociétés d'exploration mènent des études géologiques et des forages pour identifier les dépôts d'or. Cependant, le processus d'exploration est risqué et coûteux, et il n'y a aucune garantie que la société trouvera de l'or en quantité commercialement viable...

Les sociétés d'exploitation

Ces sociétés possèdent et exploitent des mines d'or. Une fois qu'un dépôt d'or a été identifié les sociétés d'exploration et que les autorisations nécessaires ont été obtenues, la société d'exploitation entre en jeu.

Elle se charge de l'extraction de l'or du sol, de la gestion des opérations minières et de la vente de l'or extrait. Les sociétés d'exploitation ont des coûts opérationnels importants, mais elles ont également des revenus plus stables que les sociétés d'exploration, car elles vendent de l'or sur une base régulière.

Les sociétés de fonderie et de raffinage

Ces sociétés achètent de l'or brut extrait par d'autres sociétés et le transforment en produits finis, tels que des lingots d'or, des pièces de monnaie, des produits industriels ou des bijoux. Elles profitent de la différence entre le prix d'achat de l'or brut et le prix de vente des produits finis.

Ces sociétés ont des coûts opérationnels relativement stables et sont moins exposées aux fluctuations du prix de l'or que les sociétés d'exploitation et d'exploration.

Les sociétés minières diversifiées

Ces sociétés sont impliquées dans toutes les phases de l'industrie minière, de l'exploration à l'exploitation en passant par la fonderie et le raffinage. Elles bénéficient de l'efficacité opérationnelle et de la diversification des risques, mais elles ont également une gestion complexe et des investissements importants.

→ Personnellement, ces sociétés sont souvent mon choix d'investissement privilégié. En se positionnant à chaque étape de la chaîne de l'industrie minière, elles offrent une diversification intrinsèque qui contribue à atténuer les risques. Si une phase de l'opération rencontre des difficultés, les autres segments peuvent compenser, ce qui donne une plus grande stabilité financière.

De plus, la gestion de toutes les phases de l'industrie minière confère à ces sociétés des économies d'échelle. Elles sont en mesure de réduire leurs coûts en internalisant les processus qui, autrement, nécessiteraient des prestataires extérieurs. Selon moi, cet avantage donne une amélioration de la rentabilité.

C. Les avantages des actions minières

Dividendes

Contrairement à l'or physique, les actions de sociétés minières d'or génèrent des revenus sous forme de dividendes.

Les sociétés minières d'or bien établies et rentables ont souvent une politique de dividendes régulière. Par exemple, Newmont Mining, l'une des plus grandes sociétés minières d'or au monde, verse depuis longtemps des dividendes à ses actionnaires.

Ainsi, en plus de la possibilité d'une appréciation du prix de l'action, vous pouvez également recevoir des revenus réguliers sous forme de dividendes. C'est un avantage majeur des actions de sociétés minières d'or par rapport à l'or physique, qui ne produit aucun rendement jusqu'à ce qu'il soit vendu.

Potentiel de rendement élevé

Si la société réussit à augmenter sa production d'or ou à réduire ses coûts, vous bénéficiez de ces améliorations sous forme de rendements plus élevés.

Exemple : une société minière découvre une nouvelle mine d'or. Elle augmente sa production et donc normalement son bénéfice. Cette augmentation du bénéfice se reflètera souvent dans le prix de l'action, ce qui générera un rendement supérieur pour les investisseurs.

Effet de levier

L'effet de levier est un concept financier qui fait référence à l'utilisation de l'endettement pour augmenter le potentiel de rendement d'un investissement.

En ce qui concerne les sociétés minières d'or, elles empruntent de l'argent pour financer leurs opérations (par exemple, pour construire une nouvelle mine ou pour acheter de l'équipement). Si le prix de l'or augmente, ces entreprises peuvent générer des profits nettement supérieurs à leur endettement, ce qui entraîne une appréciation significative du prix de leurs actions.

Diversification

Supposons que vous ayez déjà des investissements dans des secteurs comme la technologie ou la finance. En ajoutant des actions de sociétés minières d'or à votre portefeuille, vous pouvez réduire votre dépendance envers ces secteurs et ainsi diminuer le risque global de votre portefeuille. En effet, les actions de sociétés minières d'or ont tendance à avoir des performances différentes de celles des autres secteurs de l'économie.

Liquidité

Les actions de sociétés minières d'or sont généralement très liquides, ce qui signifie que vous pouvez facilement acheter ou vendre des actions sans avoir à vous soucier.

Transparence

Les sociétés minières, comme toutes les sociétés cotées en bourse, sont tenues de publier régulièrement des informations sur leurs opérations. Par exemple, elles doivent communiquer des informations sur leurs réserves d'or, leurs coûts de production, leurs projets d'expansion, leurs chiffres d'affaires, leurs bénéfices, leurs dettes, etc. Cette transparence permet aux investisseurs de prendre des décisions d'investissement éclairées.

D. Les risques des actions minières

Risque d'exploitation

L'exploitation minière est une activité complexe qui dépend de nombreux facteurs imprévisibles. Par exemple, un accident dans une mine peut causer une interruption de l'exploitation, comme cela s'est produit lors de l'effondrement de la mine San José au Chili en 2010, entraînant des pertes financières considérables. De même, des problèmes environnementaux tels que les inondations ou les glissements de terrain perturbent les opérations minières.

Risque de fluctuation du prix

Le prix de l'or sur les marchés internationaux fluctue en fonction de nombreux facteurs :

- l'offre et la demande
- les conditions économiques mondiales,
- la politique monétaire,
- les tensions géopolitiques,
- etc.

Risque d'épuisement des ressources

Une mine d'or n'est pas une ressource inépuisable. Une fois que l'or d'une mine a été extrait, la mine est dite "épuisée" et ne peut plus produire d'or. Par exemple, la mine d'or de Witwatersrand en Afrique du Sud, autrefois l'une des plus productives au monde, est maintenant en grande partie épuisée.

Les sociétés minières doivent donc continuellement explorer de nouvelles zones pour trouver de nouvelles mines, ce qui implique des coûts et des incertitudes supplémentaires.

Ceci explique pourquoi je vous disais précédemment que je préférais investir dans les sociétés minières diversifiées, car elles ne dépendent pas uniquement de la partie exploration et exploitation !

Risque politique

Les sociétés minières opèrent souvent dans des pays où les conditions politiques sont instables.

Par exemple, en 2017, la Tanzanie a imposé un embargo sur l'exportation des concentrés de minéraux non transformés, affectant plusieurs sociétés minières opérant dans le pays. Ce risque politique peut affecter la capacité d'une entreprise à exploiter efficacement et à générer des profits.

Risque de gestion

La performance d'une société minière dépend en grande partie de la compétence de sa direction. Une mauvaise décision de la part de la direction, comme un investissement mal avisé ou une mauvaise gestion des coûts, entraîne des pertes pour la société et donc pour les actionnaires.

En 2013, la société minière Barrick Gold a dû suspendre son projet de mine d'or de Pascua-Lama en raison de dépassements de coûts et de problèmes environnementaux.

E. COMMENT ÉVALUER UNE ACTION DE SOCIÉTÉ MINIÈRE ?

Comprendre l'entreprise

La direction

Le succès d'une entreprise repose en grande partie sur les compétences et l'expérience de sa direction. Vous voulez investir dans une entreprise dont les dirigeants ont une solide expérience dans l'industrie minière, notamment dans la découverte de nouvelles mines, la gestion des opérations minières et la navigation dans le paysage réglementaire et environnemental.

Ces informations peuvent être trouvées dans la section "Notre équipe" ou "Gouvernance d'entreprise" sur le site de la société. Puis, avec ces informations vous pouvez également chercher l'historique des membres de la direction sur les sites comme Linkedin, afin de connaître leurs parcours.

Les opérations de l'entreprise

Ici, je parle de comprendre le modèle d'affaires de la société :

- Est-ce une entreprise d'exploration qui cherche de nouvelles mines d'or ?
- Est-ce une entreprise d'exploitation qui extrait de l'or des mines existantes ?
- Est-ce une entreprise de services miniers qui aide d'autres entreprises à extraire de l'or ?

L'historique de production

Vous devez examiner les antécédents de l'entreprise en matière de production.

A-t-elle réussi à augmenter sa production d'or d'année en année ? Une tendance ascendante constante indique une gestion compétente et des opérations efficaces. Ces données sont généralement disponibles dans les communiqués de presse de l'entreprise, ses rapports trimestriels et annuels.

Le plan de croissance

Enfin, vérifiez le plan de croissance de l'entreprise. Quels sont ses projets futurs pour augmenter sa production d'or ? Cela pourrait inclure l'exploration de nouvelles zones, l'expansion des opérations minières existantes ou l'acquisition d'autres sociétés minières.

Un plan de croissance bien défini montre que l'entreprise est bien positionnée pour augmenter sa valeur à l'avenir. Vous pouvez trouver ces informations dans la section "Stratégie" ou "Perspectives" du rapport annuel de l'entreprise.

Analyse financière de l'entreprise

L'analyse financière d'une entreprise est un aspect essentiel de l'évaluation d'une action. Les états financiers d'une entreprise vous donnent une image précise de sa santé financière et de sa performance économique. Voici quelques éléments clé que vous devriez examiner.

Le bilan

Le bilan d'une entreprise révèle ses actifs, passifs et capitaux propres à un moment donné. Pour une entreprise minière, vous pourriez vouloir examiner la valeur de ses actifs miniers (mines, équipements, terrains, etc.), ses dettes (prêts, obligations, etc.), et le capital investi par les actionnaires.

Définitions

→ Actifs : tout ce qu'une entreprise possède et qui a de la valeur. Ils peuvent être tangibles, comme les bâtiments, l'équipement et les terrains, ou intangibles, comme les brevets et les marques. Pour une entreprise minière, les actifs comprennent généralement les mines et les réserves d'or qu'elle possède.

→ Passifs : tout ce que l'entreprise doit à d'autres parties. Il peut s'agir de dettes à court terme, comme les factures fournisseurs à payer, ou de dettes à long terme, comme les prêts bancaires ou les obligations. Dans le cas d'une entreprise minière, les passifs peuvent par exemple, inclure le coût de la restauration de l'environnement après l'exploitation d'une mine.

→ Capitaux propres : valeur de l'entreprise qui appartient aux actionnaires une fois que toutes les dettes ont été payées. Il s'agit essentiellement de la différence entre les actifs et les passifs.

Le compte de résultat

Le compte de résultat d'une entreprise présente ses revenus, dépenses, et bénéfices sur une période donnée. En examinant le compte de résultat, vous pouvez évaluer combien l'entreprise gagne grâce à son activité minière, combien elle dépense pour extraire l'or, et combien elle réalise en bénéfices !

Les flux de trésorerie

Les flux de trésorerie d'une entreprise montrent comment l'argent entre et sort de l'entreprise. Pour une société minière, vous pourriez vouloir examiner les flux de trésorerie d'exploitation (argent gagné ou dépensé par l'activité minière), les flux de trésorerie d'investissement (argent dépensé pour acheter de nouveaux actifs ou vendre des actifs existants), et les flux de trésorerie de financement (argent reçu des actionnaires ou dépensé pour les rémunérer).

Les ratios financiers

Les ratios financiers aident à comparer la performance financière de différentes entreprises. Par exemple, le ratio dette sur capital vous montre combien une entreprise s'endette par rapport à l'argent investi par les actionnaires. Un ratio élevé indique naturellement un risque financier plus élevé.

Le ratio cours/bénéfice, quant à lui, compare le prix de l'action à la performance financière de l'entreprise. Un ratio élevé indique que l'action est surévaluée, et donc beaucoup trop cher par rapport à sa valeur intrinsèque.

Analyse comparative

Qu'est-ce que l'analyse comparative ?

L'analyse comparative, aussi connue sous le nom de benchmarking, est une méthode d'évaluation qui consiste à comparer une entreprise à ses concurrentes directes ou à des entreprises similaires du même secteur. Elle permet d'évaluer la performance de l'entreprise et de déterminer si son prix est surévalué ou sous-évalué.

Choisir les bonnes entreprises à comparer

Aucun concurrent n'est identique à l'entreprise que vous évaluez. Chaque entreprise a sa propre stratégie et ses propres forces et faiblesses. L'objectif de l'analyse comparative n'est pas de trouver une entreprise "identique", mais plutôt de comprendre comment l'entreprise se positionne par rapport à d'autres acteurs du même secteur.

Taille de l'entreprise

Les entreprises de tailles similaires ont souvent des problématiques similaires. Il est donc pertinent de comparer une entreprise à des concurrents de même taille. Pour mesurer la taille d'une entreprise, on peut se référer à des indicateurs tels que le chiffre d'affaires, le nombre d'employés ou la capitalisation boursière.

Emplacement des opérations

Les entreprises opérant dans la même région géographique sont confrontées à des défis et des opportunités similaires, notamment en termes de réglementation, de conditions climatiques, de coûts de main-d'œuvre, etc. Par exemple, une entreprise minière opérant en Afrique pourrait être confrontée à des défis très différents de ceux rencontrés par une entreprise opérant en Australie.

Méthodes d'exploitation

Les entreprises qui utilisent des méthodes d'exploitation similaires sont également intéressantes à comparer. Par exemple, certaines entreprises minières se concentrent sur l'extraction à ciel ouvert, tandis que d'autres privilégient l'extraction souterraine. Ces différences ont un impact significatif sur les coûts de production et la rentabilité de l'entreprise.

Comparaison des fondamentaux de l'entreprise

Comparer les revenus

Les revenus sont un indicateur important de la taille et de la croissance d'une entreprise. Vous pouvez comparer les revenus totaux de l'entreprise avec ceux de ses concurrents. De plus, vérifiez le taux de croissance des revenus : une entreprise dont les revenus augmentent plus rapidement que ceux de ses concurrents pourrait être un investissement prometteur.

Comparer les bénéfices

Les bénéfices sont ce qui reste après que tous les coûts et les dépenses ont été soustraits des revenus. Une entreprise rentable a des bénéfices positifs, tandis qu'une entreprise non rentable a des bénéfices négatifs. Comparez le bénéfice net de l'entreprise avec celui de ses concurrents.

Examinez également le taux de marge bénéficiaire, qui est le rapport entre le bénéfice net et les revenus. Un taux de marge bénéficiaire élevé indique une entreprise efficace qui contrôle bien ses coûts.

Comparer le coût de production

Le coût de production de l'or est un facteur clé. Un coût de production plus faible signifie que l'entreprise peut produire de l'or à un coût inférieur à celui de ses concurrents, ce qui peut améliorer sa rentabilité. Comparez le coût tout inclus (all-in sustaining cost) de l'entreprise avec celui de ses concurrents pour évaluer son efficacité opérationnelle.

Comparer les réserves d'or

Les réserves d'or d'une entreprise sont la quantité d'or qu'elle a le droit d'extraire de ses mines. Une entreprise avec des réserves d'or importantes a un potentiel de croissance plus élevé. Cependant, il est également important de prendre en compte la qualité de ces réserves (teneur en or). Comparez les réserves d'or de l'entreprise avec celles de ses concurrents pour évaluer son potentiel de croissance à long terme.

Interpréter les résultats de l'analyse comparative

Surévaluation et sous-évaluation

Si une entreprise a de meilleures performances que ses pairs sur la plupart ou l'ensemble des indicateurs clés (revenus, bénéfices, coût de production, réserves d'or), mais que son action se négocie à un prix similaire ou inférieur à celui de ses concurrents, alors l'entreprise peut être considérée comme "sous-évaluée". Le marché n'a peut-être pas pleinement reconnu la valeur de l'entreprise, et son action pourrait être une bonne affaire.

À l'inverse, si une entreprise a des performances inférieures à celles de ses pairs, mais que son action se négocie à un prix supérieur, alors l'entreprise peut être considérée comme "surévaluée". Dans ce cas, l'action pourrait être trop chère par rapport à sa valeur réelle.

Équilibre entre la croissance et la valeur

Si une entreprise a des revenus et des bénéfices en croissance rapide mais un coût de production plus élevé et moins de réserves d'or, elle pourrait être plus orientée vers la croissance.

D'autre part, une entreprise avec des revenus et des bénéfices plus stables, un coût de production plus faible et des réserves d'or importantes pourrait être une entreprise de valeur. En fonction de votre tolérance au risque et de vos objectifs d'investissement, vous pourriez préférer l'un ou l'autre type d'entreprise.

Limites de l'analyse comparative

Bien que l'analyse comparative soit un outil précieux pour évaluer une entreprise, elle présente certaines limites que les investisseurs doivent garder à l'esprit.

N'oubliez pas que la performance passée n'est pas toujours un indicateur de performance future. Les conditions du marché, les tendances du secteur, et les événements spécifiques à l'entreprise (comme la découverte d'une nouvelle mine d'or) affectent la performance future d'une entreprise.

Évaluer les réserves d'or de l'entreprise

Rappel : cette partie-là concerne surtout les sociétés d'exploitation et les sociétés minières diversifiées.

Qu'est-ce que les réserves d'or ?

Les réserves d'or d'une entreprise minière représentent la quantité d'or qu'elle a confirmée pouvoir extraire de façon rentable, compte tenu des conditions économiques et opérationnelles actuelles. Les réserves d'or sont estimées à l'aide de techniques d'évaluation géologique et de tests de faisabilité, et elles sont régulièrement réévaluées à mesure que les conditions changent.

Les réserves d'or sont vitales pour une entreprise minière. Elles indiquent la quantité d'or que l'entreprise peut vendre à l'avenir, et elles sont donc un facteur clé dans l'évaluation de la valeur de l'entreprise.

Les réserves d'or sont distinctes des ressources d'or. Les ressources d'or d'une entreprise comprennent l'or qu'elle pense pouvoir extraire de manière rentable, mais qui n'a pas encore été pleinement confirmé par les tests de faisabilité. En d'autres termes, les ressources d'or sont plus incertaines que les réserves d'or !

L'importance de la qualité des réserves d'or

La teneur en or

La teneur en or désigne la quantité d'or présente par unité de minerai (généralement exprimée en grammes par tonne). Plus la teneur en or est élevée, plus le minerai est précieux, car il contient plus d'or par unité de poids. Une teneur élevée en or peut compenser d'autres facteurs coûteux, tels que la difficulté d'extraction ou la distance au marché.

Par exemple, si une entreprise a des réserves avec une teneur moyenne en or de 3 grammes par tonne, cela signifie qu'elle doit traiter environ 333 tonnes de minerai pour extraire un kilogramme d'or. En revanche, une entreprise dont la teneur moyenne en or est de 6 grammes par tonne n'a besoin de traiter que 167 tonnes de minerai pour extraire la même quantité d'or. Cette différence a un impact significatif sur les coûts et la rentabilité de l'entreprise.

Qualité de l'or

La qualité de l'or extrait est également un facteur important. L'or pur est souvent mélangé avec d'autres métaux dans le minerai, et ces impuretés sont coûteuses à éliminer.

De plus, certains types d'or, tels que l'or alluvial (qui se trouve dans les dépôts de sable et de gravier), est plus facile et moins coûteux à extraire, que l'or contenu dans la roche dure.

Accessibilité de la réserve

Enfin, la qualité d'une réserve d'or ne dépend pas seulement de la teneur et de la qualité de l'or, mais aussi de l'accessibilité de la réserve. Les réserves d'or qui sont proches de la surface de la terre sont moins coûteuses à exploiter que celles qui sont profondément enfouies.

De même, les réserves qui sont proches des infrastructures existantes (comme les routes et l'électricité) sont moins coûteuses à exploiter que celles qui sont situées dans des zones reculées et difficiles d'accès.

Comment vérifier les informations sur les réserves d'or ?

Rapports annuels et trimestriels

Les entreprises sont tenues par la loi de rendre publics leurs rapports annuels et trimestriels. Ces rapports contiennent souvent des informations détaillées sur les réserves d'or de l'entreprise, y compris la quantité d'or qu'elles estiment contenir dans leurs mines, la teneur en or, et le coût estimé de l'extraction de cet or. Ces rapports sont généralement disponibles sur le site web de l'entreprise, dans la section réservée aux investisseurs.

Déclarations de réserves et de ressources

De nombreuses entreprises publient également des déclarations de réserves et de ressources spécifiques, qui fournissent des informations plus détaillées sur leurs réserves d'or. Ces déclarations incluent des informations sur la méthode utilisée pour estimer les réserves, les hypothèses économiques utilisées pour déterminer si l'or peut être extrait de manière rentable, et les plans de l'entreprise pour l'exploitation future de ces réserves, etc.

Rapports des géologues

Les rapports des géologues sont une autre source d'information importante. Ces professionnels de la géologie visitent les sites miniers et évaluent les réserves d'or sur place. Leurs rapports fournissent souvent une évaluation indépendante des réserves d'or de l'entreprise.

Vérifier les normes d'estimation des réserves

Les entreprises doivent utiliser certaines normes pour estimer leurs réserves d'or. Les deux normes les plus couramment utilisées sont les normes canadiennes (NI 43-101) et les normes internationales (JORC).

Ces normes définissent comment les réserves doivent être estimées et quelles informations doivent être incluses dans les rapports de l'entreprise. Il est utile de vérifier que l'entreprise utilise ces normes et suit leurs directives.

Faire preuve de scepticisme

Enfin, il est toujours important de faire preuve de scepticisme lors de l'évaluation des informations sur les réserves d'or. Les entreprises ont un intérêt à présenter leurs réserves d'or sous le meilleur jour possible. Il est donc judicieux de comparer les informations fournies par l'entreprise avec les rapports des géologues indépendants et les estimations d'autres entreprises similaires.

Examiner le coût de production de l'or

Coût au comptant (Cash Cost)

Le coût au comptant comprend les coûts directs d'extraction de l'or de la mine. Ce coût englobe les coûts d'exploitation tels que le travail (salaires et avantages des mineurs), les matériaux et les fournitures nécessaires à l'extraction du minerai, et les coûts de traitement du minerai pour en extraire l'or. Ce chiffre est souvent utilisé pour évaluer l'efficacité opérationnelle d'une mine spécifique.

Coût tout inclus (All-in Sustaining Cost)

Le coût tout inclus va plus loin que le coût au comptant en incluant tous les coûts nécessaires pour maintenir la production d'or à son niveau actuel. En plus des coûts d'exploitation, il comprend également :

- les dépenses en capital liées au maintien de la mine et de l'équipement en état de fonctionnement,
- les coûts de remise en état des sites après l'exploitation minière,
- les dépenses administratives générales,
- certains coûts d'exploration et de développement pour les nouvelles mines

Le coût tout inclus donne une image plus complète des dépenses d'une entreprise pour produire chaque once d'or.

Comment trouver et interpréter les informations sur le coût de production ?

Où trouver les informations

La section des résultats d'exploitation de ces rapports comprend généralement des détails sur le coût de production de l'entreprise. Les entreprises révèlent souvent leur coût au comptant (cash cost) et leur coût tout inclus (all-in sustaining cost) pour chaque once d'or produite.

Ces chiffres peuvent généralement être trouvés dans les notes de la section des résultats d'exploitation, ou parfois dans une section distincte consacrée à la discussion et à l'analyse de la gestion.

Comment interpréter les informations

Lorsque vous examinez ces chiffres, il est important de les mettre en contexte. Par exemple, un coût au comptant faible indique une exploitation minière efficace, mais si le coût tout inclus est élevé, cela signifie que l'entreprise dépense beaucoup en coûts administratifs, en maintien de la mine, en équipement, etc.

Comparez également ces chiffres avec le prix actuel de l'or sur le marché. Si le coût de production d'une entreprise est proche ou supérieur au prix actuel de l'or, cela pourrait indiquer des problèmes de rentabilité...

Enfin, comparez les coûts de production de l'entreprise avec ceux d'autres entreprises du secteur. Il y a que comme ça que vous aurez une idée de la compétitivité de l'entreprise !

Rappelez-vous

L'investissement nécessite toujours une diligence raisonnable. Les chiffres du coût de production ne sont qu'une partie de l'image globale. Il est également important d'examiner d'autres facteurs tels que la taille et la qualité des réserves d'or de l'entreprise, sa situation financière, sa direction, et les tendances du marché de l'or.

F. EXEMPLES DE SOCIÉTÉS

Newmont Corporation

Newmont Corporation, basée à Denver, Colorado, est la plus grande société minière d'or au monde en termes de production.

Pourquoi Newmont : Newmont a une présence internationale significative et un solide bilan financier. Elle est également reconnue pour son engagement envers la responsabilité environnementale et sociale.

Catégorie de la société : Newmont est une société d'exploitation minière d'or, ce qui signifie qu'elle est activement engagée dans l'extraction de l'or de ses mines.

Région d'activité : Newmont a des opérations dans plusieurs pays, dont les États-Unis, l'Australie, le Ghana, le Pérou, et le Suriname.

Précisions financières et de marché : En 2020, Newmont a rapporté des revenus de 11,5 milliards de dollars et un bénéfice net de 2,8 milliards de dollars. Son coût de production tout inclus (AISC) était de 1 045 dollars l'once, ce qui est compétitif par rapport à d'autres grandes sociétés.

Réserves d'or : En 2020, Newmont a rapporté des réserves prouvées et probables d'or de 94,2 millions d'onces.

Barrick Gold Corporation

Pourquoi Barrick Gold Corporation : Barrick est reconnue pour sa grande capacité de production d'or, son solide portefeuille d'actifs miniers et son bilan financier robuste. De plus, Barrick a une politique de dividendes attrayante qui peut intéresser les investisseurs à la recherche de rendements réguliers.

Catégorie de la société : Barrick Gold Corporation est une société d'exploitation.

Région d'activité : Barrick a des opérations dans de nombreux pays, dont le Canada, les États-Unis, la République Dominicaine, l'Australie, le Pérou, le Chili, l'Argentine, la Zambie, l'Arabie Saoudite, et la Papouasie-Nouvelle-Guinée.

Précisions financières et de marché : Barrick est connue pour son efficacité opérationnelle et sa capacité à maintenir des coûts de production relativement bas, ce qui peut aider à soutenir sa rentabilité. En 2020, Barrick a rapporté des revenus de plus de 12 milliards de dollars et un bénéfice net de plus de 2 milliards de dollars.

Réserves d'or : En 2020, Barrick a rapporté des réserves prouvées et probables d'or de 68 millions d'onces.

AngloGold Ashanti

AngloGold Ashanti est l'une des plus grandes sociétés d'exploitation minière d'or au monde. Basée à Johannesburg, en Afrique du Sud.

Pourquoi AngloGold Ashanti : AngloGold Ashanti a une forte présence mondiale, avec des opérations en Afrique, en Australie et en Amérique du Sud. Grâce à cette diversification géographique, elle atténue certains risques liés à l'exploitation minière dans certaines régions. De plus, l'entreprise a un portefeuille solide d'actifs miniers, ce qui en fait un acteur important dans le secteur de l'exploitation de l'or.

Catégorie de la société : AngloGold Ashanti est une société d'exploitation.

Région d'activité : L'entreprise a des opérations en Afrique du Sud, au Ghana, en Guinée, au Mali, en Tanzanie, en Australie, au Brésil, en Argentine et en Colombie. Ses opérations en Afrique représentent une part importante de sa production totale d'or.

Précisions financières et de marché : L'entreprise a une forte capacité à produire de l'or à des coûts compétitifs, ce qui soutient sa rentabilité même lorsque les prix de l'or fluctuent. Cependant, comme toute entreprise d'exploitation minière, AngloGold Ashanti est exposée à divers risques.

Réserves d'or : AngloGold Ashanti possède des réserves d'or importantes. En 2020, l'entreprise a rapporté des réserves d'or de 27,3 millions d'onces.

Gold Fields Limited

Gold Fields Limited est une société minière d'or basée à Johannesburg, en Afrique du Sud, avec des opérations dans plusieurs pays.

Pourquoi Gold Fields : Gold Fields est reconnue pour son importante production d'or et son solide portefeuille d'actifs miniers. Elle a une diversification géographique et une solide performance opérationnelle.

Catégorie de la société : Gold Fields est une société d'exploitation.

Région d'activité : Gold Fields a des opérations en Afrique du Sud, au Ghana, en Australie, et au Pérou.

Précisions financières et de marché : En 2020, Gold Fields a rapporté des revenus de plus de 3,6 milliards de dollars. Son coût de production tout inclus (AISC) était de 1 079 dollars l'once, ce qui est compétitif par rapport à d'autres grandes sociétés minières d'or.

Réserves d'or : Gold Fields a rapporté des réserves prouvées et probables d'or de 52,3 millions d'onces en 2020.

Agnico Eagle Mines Limited

Agnico Eagle Mines Limited est une entreprise d'exploitation minière d'or basée à Toronto, au Canada. Elle est connue pour ses opérations stables et rentables.

Pourquoi Agnico Eagle Mines : Agnico Eagle a une réputation de gestion efficace et prudente de ses mines, ainsi que d'un solide bilan financier. Elle est également reconnue pour sa capacité à augmenter régulièrement sa production d'or.

Catégorie de la société : Agnico Eagle Mines est une société d'exploitation minière d'or, ce qui signifie qu'elle est activement engagée dans l'extraction de l'or de ses mines.

Région d'activité : Agnico Eagle a des opérations dans plusieurs pays, mais ses activités sont principalement concentrées au Canada, en Finlande et au Mexique.

Précisions financières et de marché : En 2020, Agnico Eagle a rapporté un chiffre d'affaires de près de 3,2 milliards de dollars. Son coût de production tout inclus (AISC) était de 1 038 dollars l'once, ce qui est compétitif par rapport à d'autres sociétés minières d'or.

Réserves d'or : Agnico Eagle a rapporté des réserves prouvées et probables d'or de 21,6 millions d'onces en 2020.

B2Gold Corp.

B2Gold Corp. est une entreprise d'exploitation minière d'or de taille intermédiaire basée à Vancouver, au Canada. Elle est connue pour sa croissance rapide et sa capacité à mener à bien des projets miniers.

Pourquoi B2Gold Corp. : B2Gold est appréciée pour sa croissance rapide. Elle est également reconnue pour sa capacité à maintenir des coûts de production bas.

Catégorie de la société : B2Gold est une société d'exploitation minière d'or, ce qui signifie qu'elle est activement engagée dans l'extraction de l'or de ses mines.

Région d'activité : B2Gold a des opérations dans plusieurs pays, dont le Mali, les Philippines, la Namibie et la Colombie.

Précisions financières et de marché : En 2020, B2Gold a rapporté un chiffre d'affaires de près de 1,8 milliard de dollars. Son coût de production tout inclus (AISC) était de 788 dollars l'once, ce qui est particulièrement bas par rapport à d'autres sociétés minières d'or.

Réserves d'or : B2Gold a rapporté des réserves prouvées et probables d'or de 6,8 millions d'onces en 2020.

Franco-Nevada Corporation

Franco-Nevada Corporation est une société basée à Toronto, au Canada, qui investit dans les mines d'or et autres minéraux. Elle est la plus grande société de redevances et de flux de métaux précieux au monde.

Pourquoi Franco-Nevada : Franco-Nevada offre une exposition à l'or sans les risques opérationnels associés à l'exploitation minière. Elle a un portefeuille diversifié de flux de métaux précieux et de redevances, ce qui peut fournir un flux de revenus plus stable que l'exploitation minière directe.

Catégorie de la société : Franco-Nevada n'est pas directement impliquée dans l'extraction de l'or, mais génère des revenus en fournissant du financement aux sociétés minières en échange d'une part de leur production future ou de redevances sur leur production.

Région d'activité : Franco-Nevada a des accords de redevances avec des sociétés minières dans le monde entier, notamment en Amérique du Nord, en Amérique Latine, et en Australie.

Précisions financières et de marché : En 2020, Franco-Nevada a rapporté un chiffre d'affaires de près de 1 milliard de dollars. En tant que société de redevances, elle n'a pas de coût de production typique comme les sociétés d'exploitation minière.

Réserves d'or : Franco-Nevada n'a pas de réserves d'or propres. Cependant, elle a des accords sur de nombreuses mines d'or qui ont des réserves substantielles.

Seabridge Gold Inc.

Seabridge Gold Inc. est une société basée au Canada qui cherche à acquérir des propriétés aurifères à fort potentiel et à les développer en partenariat avec d'autres sociétés minières. L'un de leurs projets les plus importants est le projet KSM en Colombie-Britannique, qui est l'un des plus grands gisements aurifères et de cuivre non développés au monde.

Pourquoi Seabridge Gold : Seabridge Gold se spécialise dans l'exploration de nouvelles zones aurifères à haut potentiel. La société met l'accent sur l'acquisition de propriétés aurifères prometteuses et la réalisation d'études approfondies pour évaluer leur potentiel économique. Leurs efforts d'exploration sont soutenus par une équipe expérimentée de géologues et d'experts en exploration minière.

Catégorie de la société : Seabridge Gold se concentre sur l'exploration et le développement de projets aurifères de grande envergure.

Région d'activité : Seabridge Gold se concentre principalement sur des projets en Colombie-Britannique, au Canada. Leur projet phare, le projet KSM, est situé dans cette région.

Précisions financières et de marché : La valeur de Seabridge Gold est étroitement liée aux résultats de ses projets d'exploration. Lorsque des découvertes significatives sont faites ou lorsque des ressources aurifères potentielles sont évaluées positivement, cela peut avoir un impact positif sur la valeur de l'entreprise. L'exploration minière comporte des risques inhérents, et tous les projets ne se traduisent pas nécessairement par des succès financiers.

Osisko Mining Inc.

Osisko Mining Inc. est une société minière canadienne qui cherche à découvrir de nouvelles ressources aurifères et à développer des projets d'extraction viables. L'un de leurs principaux actifs est le projet Windfall Lake, situé au Québec, qui a connu des découvertes importantes d'or à haute teneur.

Pourquoi Osisko Mining : Osisko Mining adopte une approche stratégique en matière d'exploration minière, en se concentrant sur des projets à haut potentiel dans des régions géologiquement favorables. Ils s'efforcent de développer des ressources aurifères de qualité et d'optimiser la valeur de leurs actifs miniers. Osisko Mining bénéficie d'une équipe expérimentée de géologues et d'experts en exploration minière.

Catégorie de la société : Osisko Mining Inc. se concentre sur l'exploration et le développement de propriétés aurifères au Canada.

Région d'activité : Osisko Mining concentre ses activités d'exploration principalement au Canada, avec une présence notable au Québec. Le projet Windfall Lake, qui est leur principal actif, est situé dans cette région.

Précisions financières et de marché : La valeur d'Osisko Mining est étroitement liée aux résultats de ses activités d'exploration et aux découvertes d'or qu'ils réalisent. Les découvertes de nouvelles ressources aurifères et les évaluations positives de la valeur économique de leurs projets peuvent avoir un impact positif sur la valeur de l'entreprise.

ATTENTION !

Je ne veux pas que mes lecteurs se retrouvent dans de mauvaises situations financières.

Cette liste n'est pas une check-list miracle ! Vous ne devez pas la prendre comme une baguette magique qui va vous permettre de trouver automatiquement des entreprises dans lesquelles investir facilement et rapidement !

Garder toujours en tête qu'il existe d'autres facteurs que vous pouvez prendre en compte. Parfois, je laisse une toute petite place (je dis bien une toute petite place) à mon instinct.

Bien que cela peut sembler étrange, le bon sens paysan est parfois un bon allié. Lorsqu'il s'agit d'argent et d'investissement, je vous recommande de toujours prendre du recul et de rester nuancé vis-à-vis de ce que vous lisez. Par exemple, ce n'est pas parce qu'une action a performé qu'elle continuera forcément à performer dans le futur !

Personne ne lit dans la boule de cristal et personnellement, je ne suis pas Madame Irma ! Aussi, je vous recommande de fuir les conseils des personnes qui vous parlent d'investissement 100 % sûr dans une action, dans des ETF ou dans n'importe quel autre actif. Généralement, quand c'est trop beau pour être vrai, c'est que c'est trop beau pour être vrai !

Pour approfondir vos connaissances et découvrir des stratégies éprouvées pour réussir en bourse, je vous invite à explorer mes autres ouvrages.

Ils vous fourniront des conseils précieux et des astuces incontournables pour maximiser vos gains tout en maintenant une rentabilité saine.

Ne manquez pas cette occasion d'élargir vos compétences en investissement et de propulser votre parcours financier à un niveau supérieur !

CHAPITRE 12 :

LES OBLIGATIONS ADOSSÉES À L'OR

A. INTRODUCTION AUX OBLIGATIONS ADOSSÉES À L'OR

Qu'est-ce qu'une obligation adossée à l'or ?

Une obligation est un instrument financier qui représente une dette contractée par une entité, généralement une entreprise ou un gouvernement, envers un investisseur. Si vous investissez dans une obligation, vous prêtez de l'argent à l'émetteur de l'obligation en échange d'un paiement d'intérêts régulier et du remboursement du capital à une date ultérieure.

Dans le contexte de l'industrie de l'or, une obligation adossée à l'or est une obligation dont le remboursement est garanti par de l'or détenu par l'émetteur. En gros, l'émetteur de l'obligation garantit le remboursement de l'argent investi en utilisant l'or comme actif sous-jacent.

L'idée derrière les obligations adossées à l'or est de fournir une sécurité supplémentaire aux investisseurs en utilisant un actif tangible et précieux, tel que l'or, pour garantir le remboursement de la dette. Ces obligations sont potentiellement plus attrayantes pour les investisseurs qui souhaitent bénéficier de l'exposition à l'or tout en bénéficiant des caractéristiques d'un instrument de dette.

Les obligations adossées à l'or sont émises par des entités telles que des gouvernements, des institutions financières ou des sociétés minières. Chaque émission possède ses propres conditions spécifiques, y compris la durée de l'obligation, le taux d'intérêt, les modalités de remboursement et les garanties liées à l'or.

L'investissement dans des obligations adossées à l'or offre une alternative aux autres formes d'investissement dans l'or.

Comment fonctionnent les fameuses obligations adossées à l'or ?

Les obligations adossées à l'or sont structurées de manière à garantir aux investisseurs le remboursement de leur investissement en utilisant l'or comme garantie. Voici comment cela fonctionne :

1. Émission de l'obligation : une entité, telle qu'un gouvernement, une institution financière ou une société minière, émet une obligation adossée à l'or sur le marché financier. L'obligation spécifie les termes et conditions de l'emprunt, y compris le montant de l'obligation, la durée, le taux d'intérêt et les modalités de remboursement.

2. Garantie de l'or : l'émetteur détient une quantité spécifique d'or qui est utilisée comme garantie pour la dette contractée par l'obligation.

3. Vérification et sécurité de l'or : pour assurer la transparence et la sécurité, l'or utilisé comme garantie est généralement détenu dans un compte ou dans un coffre-fort sécurisé. Des mesures strictes sont mises en place pour vérifier la quantité et la qualité de l'or. De plus, des audits réguliers sont normalement effectués pour s'assurer que l'or est toujours disponible pour couvrir les obligations.

4. Paiement des intérêts et remboursement : tout au long de la durée de l'obligation, l'émetteur paie périodiquement des intérêts aux investisseurs. À l'échéance de l'obligation, l'émetteur rembourse le montant principal de l'investissement initial, en utilisant l'or détenu comme garantie.

5. Risques et protection des investisseurs : bien que les obligations adossées à l'or offrent une certaine sécurité aux investisseurs grâce à la garantie de l'or, il existe toujours des risques associés à cet investissement. Ces risques incluent la fluctuation du prix de l'or, la solvabilité de l'émetteur et d'autres facteurs économiques et financiers. Il est essentiel pour les investisseurs de comprendre ces risques et de faire des recherches approfondies avant de s'engager dans des obligations adossées à l'or.

B. LES AVANTAGES DES OBLIGATIONS ADOSSÉES À L'OR

Diversification du portefeuille

L'or est souvent considéré comme un actif de diversification en raison de sa faible corrélation avec d'autres classes d'actifs, comme les actions et les obligations. Selon une étude publiée dans le Journal of Portfolio Management, l'or a montré une corrélation négative ou faible avec les actions et les obligations sur des périodes de long terme. En incluant des obligations adossées à l'or dans un portefeuille diversifié, les investisseurs pourraient potentiellement réduire le risque global de leur portefeuille.

Protection contre l'inflation

Une étude réalisée par le World Gold Council a montré que, en moyenne, lorsque l'inflation augmentait de 1 %, le prix de l'or augmentait de 13 %. Les obligations adossées à l'or offrent donc aux investisseurs une certaine protection contre la dépréciation de la monnaie et la perte de pouvoir d'achat.

Stabilité des prix de l'or

Les obligations adossées à l'or sont directement liées à la performance de l'or, donc dès que le prix de l'or augmente, la valeur des obligations adossées à l'or a tendance à augmenter également. Le National Bureau of Economic Research a conclu dans une étude que les obligations adossées à l'or avaient une corrélation positive significative avec le prix de l'or.

Liquidité

Les obligations adossées à l'or sont généralement échangées sur les marchés financiers, ce qui leur confère une certaine liquidité. Les investisseurs peuvent acheter et vendre ces obligations relativement facilement, ce qui leur permet de réagir rapidement aux conditions du marché ou à leurs besoins de liquidité.

Rendement potentiel

Les obligations adossées à l'or génèrent un rendement potentiel sous la forme de paiements d'intérêts périodiques. Les émetteurs de ces obligations fixent des taux d'intérêt en fonction des conditions du marché et des modalités spécifiques de l'obligation. Il convient de noter que les rendements des obligations adossées à l'or varient en fonction des fluctuations du prix de l'or et des taux d'intérêt.

C. LES RISQUES DES OBLIGATIONS ADOSSÉES À L'OR

Volatilité du prix de l'or

Les prix de l'or sont soumis à une volatilité importante en raison de facteurs tels que les fluctuations de la demande et de l'offre, les conditions économiques mondiales, les politiques monétaires, et les événements géopolitiques.

Les variations du prix de l'or ont un impact sur la valeur des obligations adossées à l'or. Les investisseurs doivent être prêts à faire face à cette volatilité et à accepter les fluctuations de la valeur de leurs investissements.

Risques de crédit

Les obligations adossées à l'or sont émises par des entités telles que des gouvernements, des sociétés minières ou des institutions financières. Comme pour tout investissement obligataire, il existe un risque de défaut de paiement de la part de l'émetteur.

Les investisseurs doivent évaluer la qualité de crédit de l'émetteur avant d'investir dans des obligations adossées à l'or. Les agences de notation, telles que Standard & Poor's, Moody's ou Fitch, fournissent des évaluations de crédit qui aident les investisseurs à évaluer la solidité financière de l'émetteur.

Risques de contrepartie

Les obligations adossées à l'or impliquent des contrats ou des accords entre différentes parties. Il existe un risque de contrepartie si l'une des parties ne respecte pas ses obligations contractuelles, ce qui peut entraîner une perte pour l'investisseur.

Risque de liquidité

Bien que les obligations adossées à l'or puissent être négociées sur les marchés financiers, leurs liquidités varient. Certains émetteurs proposent des obligations plus liquides que d'autres. Vous devez tenir compte de la liquidité quand vous investissez dans des obligations adossées à l'or, car une faible liquidité entraîne des difficultés pour acheter ou vendre ces obligations aux prix souhaités.

Risque de change

Si les obligations adossées à l'or sont émises dans une devise différente de celle de l'investisseur, il existe un risque de change. Les fluctuations des taux de change affectent la valeur des obligations adossées à l'or lorsqu'elles sont converties dans la devise de l'investisseur.

D. COMMENT INVESTIR DANS LES OBLIGATIONS ADOSSÉES À L'OR ?

Comprendre les options d'investissement

Achat direct d'obligations

Vous pouvez acheter directement des obligations adossées à l'or émises par des institutions financières ou des sociétés minières. Cela nécessite une recherche approfondie des émetteurs d'obligations et la négociation avec eux ou leurs courtiers autorisés. C'est une option réservée aux investisseurs expérimentés qui souhaitent une plus grande maîtrise de leurs investissements.

Fonds spécialisés

Il existe des fonds d'investissement spécialisés dans les obligations adossées à l'or, comme des ETF. Ces fonds collectent des capitaux auprès des investisseurs et les utilisent pour acheter un portefeuille diversifié d'obligations adossées à l'or. Investir dans ces fonds offre une diversification instantanée et est plus facile pour les investisseurs débutants.

Plateformes de négociation en ligne

Les plateformes de négociation en ligne offrent une autre option pour investir dans les obligations adossées à l'or. Ces plateformes permettent aux investisseurs d'acheter et de vendre des obligations adossées à l'or de manière transparente et pratique. Elles offrent souvent des outils d'analyse et des informations détaillées sur les obligations disponibles, ce qui peut aider les investisseurs à prendre des décisions éclairées.

Sélection d'un courtier

Voici quelques exemples de courtiers bien connus dans le domaine des obligations adossées à l'or :

Interactive Brokers : Interactive Brokers est un courtier en ligne bien établi qui offre une large gamme d'instruments financiers, y compris des obligations adossées à l'or. Ils se distinguent par leurs frais compétitifs, leur plateforme de négociation avancée et leur accès à des marchés internationaux.

TD Ameritrade : TD Ameritrade est un courtier en ligne populaire qui propose une gamme de produits financiers, y compris des obligations adossées à l'or. Ils offrent des outils de recherche, une plateforme conviviale et un service client réputé.

Charles Schwab : Charles Schwab est un autre courtier en ligne réputé offrant divers instruments financiers, y compris des obligations adossées à l'or. Ils proposent des ressources éducatives, des services de recherche et une assistance clientèle.

Fidelity Investments : Fidelity est un courtier renommé qui propose divers produits d'investissement, y compris des obligations adossées à l'or. Ils offrent une plateforme intuitive, des outils de recherche approfondie et une assistance clientèle de qualité.

Veuillez noter que cette liste n'est pas exhaustive et qu'il existe de nombreux autres courtiers qui proposent des obligations adossées à l'or !

Recherche et analyse

Émetteur de l'obligation

Recherchez des informations sur l'émetteur de l'obligation adossée à l'or. Il peut s'agir de gouvernements, d'institutions financières ou de sociétés minières. Consultez les rapports financiers de l'émetteur pour évaluer sa santé financière et sa stabilité.

Notations de crédit

Vérifiez les notations de crédit attribuées à l'obligation par des agences de notation telles que Standard & Poor's, Moody's ou Fitch. Ces notations donnent une indication de la qualité de crédit de l'obligation et de la capacité de l'émetteur à rembourser sa dette.

Les agences de notation attribuent des notes aux obligations adossées à l'or pour évaluer leur qualité de crédit. Ces notes sont généralement basées sur une échelle alphabétique qui indique le niveau de risque associé à l'obligation. Voici un exemple d'échelle de notation couramment utilisée :

- AAA : La note la plus élevée, indiquant une excellente qualité de crédit et une très faible probabilité de défaut de remboursement.

- AA : Une note élevée, indiquant une très bonne qualité de crédit mais légèrement inférieure à la note AAA.

- A : Une note solide, indiquant une bonne qualité de crédit mais légèrement plus de risques qu'une note AA.

- BBB : Une note considérée comme acceptable, indiquant une qualité de crédit moyenne avec certains risques associés.

- BB : Une note basse, indiquant une qualité de crédit inférieure à la moyenne avec des risques plus élevés.

- B : Une note encore plus basse, indiquant une qualité de crédit faible avec un niveau de risque significatif.

- CCC : Une note très basse, indiquant une qualité de crédit très faible avec des risques élevés de défaut de remboursement.

- D : La note la plus basse, indiquant que l'émetteur a déjà fait défaut sur ses obligations.

→ Chaque agence de notation peut avoir sa propre échelle de notation et des critères spécifiques pour attribuer les notes. Vous devez consulter les rapports de notation des agences pour obtenir des informations détaillées sur la notation attribuée à une obligation.

Perspectives de marché

Tenez compte des perspectives de marché pour l'or et l'environnement économique global. Le prix de l'or est influencé par des facteurs tels que l'inflation, la demande mondiale d'or et la stabilité géopolitique. Analysez les tendances et les prévisions du marché de l'or pour évaluer les perspectives de rendement de l'obligation.

Rendement et durée

Évaluez le rendement offert par l'obligation adossée à l'or et la durée de l'obligation. Le rendement varie en fonction des taux d'intérêt et des conditions du marché. Comparez également la durée de l'obligation avec vos objectifs d'investissement à court ou à long terme.

Coûts et frais

Examinez les coûts associés à l'achat et à la détention de l'obligation adossée à l'or. Cela inclut des frais de transaction, des frais de garde et des frais de gestion. Assurez-vous de comprendre tous les coûts impliqués avant de prendre une décision d'investissement.

E. EXEMPLES D'OBLIGATIONS ADOSSÉES À L'OR

Obligation adossée à l'or émise par Barrick Gold Corporation

L'obligation adossée à l'or émise par Barrick Gold offre aux investisseurs une exposition à la performance de l'entreprise dans l'industrie de l'or. Elle peut offrir un rendement régulier basé sur les revenus de l'entreprise. Aux dernières nouvelles, le pourcentage du coupon était de 5,8 %.

Obligation adossée à l'or émise par Newmont Corporation

Son obligation adossée à l'or permet aux investisseurs de participer aux résultats financiers de l'entreprise et aux mouvements du prix de l'or. Aux dernières nouvelles, le pourcentage du coupon était de 5,87 %.

Vous avez plusieurs options pour définir le prix d'achat

Voici quelques types de prix couramment utilisés chez les courtiers :

- Prix au marché (Market price) : vous pouvez choisir d'acheter les obligations au prix actuel du marché au moment de votre ordre. Cela signifie que vous acceptez d'acheter les obligations au prix le plus récent affiché sur la plateforme de négociation. Cette option est rapide et facile, mais le prix peut fluctuer entre le moment où vous passez l'ordre et le moment où il est exécuté.

- Prix limite (Limit price) : vous pouvez spécifier un prix limite, c'est-à-dire le prix maximum que vous êtes prêt à payer pour les obligations. Si le prix du marché atteint ou descend en dessous de votre prix limite, l'ordre d'achat sera exécuté. Si le prix dépasse votre limite, l'ordre ne sera pas exécuté. Cette option vous donne un contrôle précis sur le prix auquel vous souhaitez acheter les obligations.

- Ordre au meilleur prix (Best price order) : vous pouvez choisir d'exécuter l'ordre d'achat au meilleur prix disponible sur la plateforme de négociation au moment où l'ordre est passé. Cela signifie que vous acceptez le prix le plus favorable parmi les offres disponibles sur le marché. Cette option peut être utilisée si vous souhaitez obtenir les meilleures conditions d'exécution pour votre ordre.

F. Suivi et gestion de l'investissement

En suivant ces conseils, vous pourrez gérer votre investissement dans les obligations adossées à l'or de manière plus confiante et prendre des décisions éclairées en fonction de vos objectifs financiers.

Surveillez les paiements d'intérêts

Les obligations adossées à l'or génèrent des paiements d'intérêts périodiques. Assurez-vous de suivre ces paiements et de vous assurer qu'ils sont versés conformément aux conditions de l'obligation.

Remboursements anticipés

Il est possible que l'émetteur des obligations adossées à l'or décide de les rembourser avant leur échéance. Dans ce cas, vous recevrez le montant correspondant au remboursement anticipé. Soyez attentif à de telles annonces, car elles ont un impact sur la durée de votre investissement.

Suivez les conditions du marché de l'or

Les prix de l'or fluctuent en fonction des conditions économiques et géopolitiques. Gardez un œil sur les évolutions du marché de l'or, car elles influencent la valeur de vos obligations adossées à l'or.

Réévaluez votre stratégie d'investissement

Je vous recommande de réévaluer votre stratégie d'investissement dans les obligations adossées à l'or 1 à 2 fois par an. Ainsi, vous prenez en compte les changements potentiels sur le marché et adaptez votre portefeuille en conséquence. Cependant, je vous conseille de ne pas trop réagir aux fluctuations à court terme, car les obligations adossées à l'or sont considérées comme un investissement à plus long terme. La réévaluation vous aidera à vous assurer que votre stratégie reste en accord avec vos objectifs financiers à long terme.

Consultez régulièrement les rapports financiers

Les émetteurs d'obligations adossées à l'or publient des rapports financiers réguliers. Prenez le temps de les consulter pour obtenir des informations sur la performance financière de l'émetteur, les projets en cours et les perspectives futures.

Faites preuve de prudence avec les informations

Assurez-vous d'utiliser des sources d'informations fiables et de prendre en compte les facteurs pertinents pour votre investissement. Méfiez-vous des informations non vérifiées ou des spéculations excessives...

PARTIE 4 :
LA FISCALITÉ DE L'OR

"Il n'est point de difficulté que l'or ne surmonte."

Luís Vaz de Camões

CHAPITRE 13 :

LA FISCALITÉ DE L'OR PHYSIQUE

A. LA FISCALITÉ APPLIQUÉE À L'ACHAT ET À LA REVENTE D'OR EN FRANCE

Les différentes catégories selon l'administration fiscale

1. Les métaux précieux : il s'agit des métaux (or, argent, platine) sous forme brute ou semi-ouvrée (lingots, feuilles, fils) ainsi que des pièces de monnaie en or et en argent émises après 1800 qui n'ont plus cours légal.

2. Les jetons : ce sont des objets métalliques qui ressemblent à des pièces de monnaie et ont les mêmes propriétés techniques, mais ils ne sont pas émis en tant que moyen de paiement légal. Les jetons sont considérés comme des bijoux et sont classés comme biens meubles.

3. Les pièces de collection : Il s'agit des pièces frappées avant 1801 qui n'ont plus cours légal.

4. Les pièces ayant cours légal : ce sont des pièces de monnaie qui ont le pouvoir d'être acceptées comme moyen de paiement légal dans une transaction commerciale ou pour le règlement d'une dette. Les pièces ayant cours légal sont considérées comme des biens meubles et sont soumises au régime général des plus-values sur biens meubles lors de leur vente.

Les pièces ayant cours légal

Voici une liste non exhaustive de pièces ayant cours légal :

- Australian Nugget (Australie)
- Britannia (Royaume-Uni)
- Eagle US (États-Unis)
- Krugerrand (Afrique du Sud)
- Maple Leaf (Canada)
- Philharmonique de Vienne (Autriche)
- Souverain (Royaume-Uni)
- Vera Valor Elizabeth II (Royaume-Uni)

Je vous conseille de consulter les sources officielles telles que le BOI (Bulletin Officiel des Finances Publiques) et les règlements pertinents pour des informations plus détaillées sur la fiscalité spécifique à chaque catégorie.

B. Achat

La TVA

En France, lorsque vous achetez de l'or d'investissement vous ne subissez aucune taxe. Attention, ce n'est pas le cas si vous achetez des bijoux en or, qui seront accompagnés d'une TVA de 20 %...

Les produits exonérés de TVA

Les produits exonérés de TVA sont :

- l'or sous la forme d'une barre, d'un lingot ou d'une plaquette d'un poids supérieur à un gramme et dont la pureté est égale ou supérieure à 995 millièmes, représenté ou non par des titres ;

- les pièces d'une pureté égale ou supérieure à 900 millièmes qui ont été frappées après 1800, qui ont ou qui ont eu cours légal dans leur pays d'origine et dont le prix de vente ne dépasse pas de 80 % la valeur de l'or qu'elles contiennent.

Ces deux types d'or d'investissement ne sont pas soumis à la TVA.

→ Un Napoléon 20 Francs est une pièce qui a eu cours légal en France, qui a été frappée après 1800 et dont la pureté est supérieure ou égale à 900 millièmes. Enfin, sa prime inférieure à 80 %, elle respecte donc tous les critères pour la considérer comme de l'or d'investissement. Vous n'êtes donc pas soumis à la TVA lors de l'achat de ce type de Napoléon !

C. REVENTE

Revendre sans vous faire avoir

Pour pouvoir revendre et vous acquitter des taxes sans vous faire avoir :

1. Vous devez être capable de prouver la date et la valeur d'achat.

2. Vous devez avoir la facture associée au produit acheté :

- Avec un lingot c'est facile car le numéro est présent sur le lingot et sur la facture.

- Attention, car dans le cas d'une pièce ce n'est pas directement noté dessus. Vous devez donc garder la pièce scellée avec sa facture !

Vous avez le choix

Dès lors que vous souhaitez revendre votre or, vous avez le choix entre :

- la taxe forfaitaire

ou

- la taxe sur les régimes les plus-values.

→ Je vous recommande de prendre le temps de réfléchir à quelle taxe sera la plus avantageuse pour vous afin de maximiser vos bénéfices.

Afin de vous aider, j'ai regroupé pour vous dans un tableau tout ce que vous devez savoir au moment de la revente de votre or physique.

	Taxe forfaitaire	Taxe sur les plus-values
Métaux précieux	11,5 %	36,2 % sur les plus-values : 19 % + 17,20 % de prélèvements sociaux). Abattement de 5 % au-delà de la 2ème année de détention. → Exonération au-delà de la 22ème année de détention.
Bijoux et assimilés (jetons) **Pièces de collection**	Si transaction < 5 000€ (par tranche de 30 jours) : Pas de taxe Si transaction > 5 000€ (par tranche de 30 jours) : 6,5 %	Si transaction < 5 000€ (par tranche de 30 jours) : Pas de taxe Si transaction > 5 000€ (par tranche de 30 jours) : 36,2 % sur les plus-values (19 % + 17,20 % de prélèvements sociaux). Abattement de 5 % au-delà de la 2ème année de détention. → Exonération au-delà de la 22ème année de détention.
Biens meubles - Pièces ayant cours légal	Non applicable	Si transaction < 5 000€ (par tranche de 30 jours) : Pas de taxe Si transaction > 5 000€ (par tranche de 30 jours) : 36,2 % sur les plus-values (19 % + 17,20 % de prélèvements sociaux). Abattement de 5 % au-delà de la 2ème année de détention. → Exonération au-delà de la 22ème année de détention.

Les déclarations à effectuer

Vous vendez votre l'or ? Il y a des règles fiscales spécifiques à prendre en compte.

- Si vous réalisez une moins-value ou une plus-value nulle, ou si votre détention de l'or dépasse 22 ans, vous n'avez pas besoin de déclarer ni de payer d'impôt.

- Pour une vente effectuée au sein de l'Union Européenne, vous devez déposer une déclaration fiscale (2091 SD) dans un délai d'un mois à partir de la vente. La taxe forfaitaire est payée au moment du dépôt de la déclaration.

- Il existe une exception : si un intermédiaire établi en France est impliqué dans la transaction, ou si l'acheteur est assujetti à la TVA en France, une déclaration différente (3310 A-SD) doit être déposée par cet intermédiaire ou cet acquéreur, également dans un délai d'un mois à partir de la vente. La taxe est alors payée par cet intermédiaire ou cet acquéreur lors du dépôt de la déclaration.

- Vous avez également la possibilité d'opter pour le régime des plus-values sur biens meubles en déposant une déclaration spécifique (2092-SD) dans un délai d'un mois à partir de la vente.

- Pour les ventes effectuées en dehors de l'Union Européenne, c'est au vendeur résident fiscal français de faire sa propre déclaration.

Attention

→ Il est important de souligner que la responsabilité de se conformer à la fiscalité en vigueur incombe à chaque individu. Étant donné que la législation fiscale peut évoluer rapidement, je vous recommande vivement de rester informé des éventuelles modifications afin de respecter vos obligations fiscales.

CHAPITRE 14 :

LA FISCALITÉ DE L'OR PAPIER

Il n'y a pas de taxe à l'achat sur l'or papier, excepté la taxe sur les transactions financières (TTF), qui a un taux de 0,30 % du montant de la transaction boursière.

Cette taxe n'est perçue que lors de l'achat d'actions, de sociétés ayant leur siège social en France et dont la capitalisation boursière est supérieure à 1 milliard d'euros. En vérité, je ne sais même pas si ça concerne une seule entreprise du secteur de l'or, mais je me dois de vous en parler quand même au cas où !

A. IMPÔTS SUR LES DIVIDENDES

Les dividendes représentent les revenus générés par les actions d'une entreprise. Dans la plupart des pays, les dividendes sont soumis à l'impôt sur le revenu, mais les taux d'imposition varient d'un pays à l'autre.

Par exemple, en France, les dividendes sont soumis à un prélèvement forfaitaire unique (PFU) de 30 %, tandis que dans d'autres pays, ils sont soumis à d'autres taux, comme les taux progressifs.

B. IMPÔTS SUR LES PLUS-VALUES

Les plus-values sont les gains réalisés lors de la vente d'un actif boursier. Les investisseurs qui investissent dans des ETF, les obligations ou des actions sont soumis à l'impôt sur les plus-values, mais les règles fiscales varient selon les pays.

Par exemple, en France, les plus-values sont soumises à un taux d'imposition forfaitaire de 30 % pour les actions détenues. En Suisse, les plus-values sont exonérées d'impôts pour les investisseurs privés.

CHAPITRE 15 :

OPTIMISER LÉGALEMENT SES IMPÔTS AVEC UN PEA

A. SI VOUS ÊTES FRANÇAIS, UTILISEZ UN PEA

Plus vous réduisez vos impôts, plus vous avez d'argent

Ça tombe bien, car le PEA est un excellent moyen de réduire vos impôts !

Un PEA (Plan d'Épargne en Actions) est un dispositif d'épargne et d'investissement qui permet aux résidents français de bénéficier d'avantages fiscaux lorsqu'ils investissent dans des actions ou ETFs français ou européens.

Le principal avantage du PEA

Le principal avantage du PEA réside dans sa fiscalité avantageuse. Les gains en capital réalisés dans le cadre du PEA sont exonérés d'impôt sur le revenu, à condition que le PEA soit détenu pendant au moins 5 ans. De plus, au moment du versement du dividende, vous ne payez ni impôt, ni taxe !

B. RÉDUCTION DE L'IMPÔT

Réduction de l'impôt sur les plus-values

Selon la loi française, les gains réalisés à partir de la vente d'actions détenues dans un PEA pendant plus de 5 ans sont exemptés d'impôts sur les plus-values. Cette exonération s'applique également aux intérêts produits par le PEA.

Cependant, cette réduction ne s'applique qu'à certaines conditions, telles que le respect du plafond de versements annuels et la non-violation des règles de détention des titres.

Attention à conserver vos actifs

Conserver vos actifs plus de 5 ans pour bénéficier d'un taux d'imposition réduit et pour ne pas subir la clôture de votre PEA.

Les avantages fiscaux liés au PEA ne sont accessibles que si les actions ou les ETF sont conservés pendant plus de 5 ans. Vendre rapidement vos actions ou ETF entraîne également la clôture du PEA et la perte de tous les avantages fiscaux associés.

Ça tombe bien, car la bourse donne ses meilleures performances sur le moyen et long terme !

Éviter de dépasser le plafond de versement pour ne pas perdre vos avantages fiscaux

L'Autorité des Marchés Financiers indique que le plafond de versement du Plan d'Épargne en Actions est fixé à 150 000 euros. Si ce plafond est dépassé, les avantages fiscaux liés au PEA seront perdus.

CHAPITRE 16 :

OPTIMISER LÉGALEMENT SES IMPÔTS AVEC UN CTO

A. LA TECHNIQUE DES ETF CAPITALISANT SUR L'OR

Une technique intéressante

L'achat d'ETF capitalisants est une technique intéressante pour minimiser les impôts sur les dividendes, notamment si vous résidez fiscalement en France.

Contrairement aux ETF distribuant, les ETF capitalisants ne versent pas de dividendes aux investisseurs, car ils réinvestissent les dividendes directement dans l'ETF.

Ainsi, les investisseurs ne sont pas imposés sur les dividendes distribués, car il n'y en a pas !

Les gains générés par les ETF capitalisants sont toutefois soumis à l'impôt sur les plus-values, dès que vous les vendrez.

En choisissant des ETF capitalisants, les gains ne sont pas distribués, mais sont réinvestis pour générer plus de gains. Cela peut vous sembler peu important, mais sur le moyen et le long terme, cela fait une grande différence grâce à l'effet des intérêts composés !

Différer l'imposition des gains

En différant l'imposition des gains jusqu'à la vente, vous réduisez votre charge fiscale. Cette stratégie est idéale pour les investisseurs à long terme qui souhaitent maximiser leurs gains et rester en France.

→ En gros, il vaut mieux être imposé à 30 % sur 100 000 € que sur 10 000 € même si ça reste la même tranche d'imposition, car à la fin il vous restera plus qu'au début !

B. UTILISER LES PERTES POUR RÉDUIRE LES IMPÔTS

Important

Vous devez comprendre la différence entre :

- une plus-value réelle
- une plus-value latente

et...

- une moins-value réelle
- une moins-value latente

Lorsque vous achetez un actif financier, comme une action par exemple, son prix peut augmenter ou diminuer. Si le prix augmente et que vous vendez l'action, alors vous réalisez une plus-value réelle, c'est-à-dire que vous gagnez de l'argent. En revanche, si le prix diminue et que vous vendez l'action, vous réalisez une moins-value réelle, c'est-à-dire que vous perdez de l'argent.

En revanche, si vous n'avez pas vendu votre actif financier, la variation de sa valeur est dite latente. Par exemple, si vous avez acheté une action à 100 € et que son prix est maintenant de 120 €, vous avez une plus-value latente de 20 €. Cependant, cette plus-value ne sera réalisée que si vous vendez l'action. La même chose est vraie pour une moins-value latente : tant que vous n'avez pas vendu l'actif financier, la perte n'est que sur le papier !

→ L'imposition n'est pas basée sur les plus-values et les moins-values latentes !

L'imposition est basée sur les plus-values réelles réalisées lors de la vente d'un actif financier (actions, ETF, etc.) !

Si un investisseur réalise une plus-value latente sur un actif financier, il ne sera pas imposé. L'imposition n'intervient qu'au moment où l'investisseur vend cet actif financier avec une plus-value. En outre, si un investisseur réalise une moins-value réelle, il peut utiliser cette perte pour réduire l'impôt sur les gains réalisés les plus-values réelles.

Mon dernier conseil

J'espère que tout ce jargon fiscal ne vous aura pas trop fait mal à la tête !

Il était essentiel pour moi de vous fournir les informations les plus pertinentes, afin de ne pas vous faire piéger par les complexités fiscales...

Au risque de me répéter, les systèmes fiscaux varient considérablement selon les pays. Ils sont totalement différents que l'on habite en France, en Belgique, en Suisse, au Luxembourg ou au Canada !

Si jamais vous avez des questions en suspens, je vous recommande vivement de consulter un expert fiscaliste ou bien de demander conseil à votre courtier ! En effet, il est parfois préférable de perdre un peu de temps ou d'argent en consultant des spécialistes, que de faire des choix irréfléchis qui coûteront plus cher sur le long terme...

De plus, il ne faut pas oublier que les lois évoluent. Ce qui était vrai hier, ne l'est peut-être plus aujourd'hui !

Donnez votre avis sincère !

Vos suggestions et critiques sont précieuses.

Elles permettent que chaque lecture soit encore plus satisfaisante !

Je vous remercie sincèrement d'avoir lu mon livre.

Je vous souhaite tout le succès que vous méritez !

CONCLUSION

Vous voici arrivé au terme de ce voyage dans le monde de l'investissement dans l'or. Vous avez découvert les nombreuses facettes de cet actif précieux et comment il peut contribuer à votre réussite financière. Il est maintenant temps de passer à l'action et d'exploiter les avantages de l'or pour construire un avenir financier solide.

L'or, bien plus qu'un simple métal précieux, est un symbole de sécurité et de préservation de la richesse. Dans un monde en constante évolution, où les marchés sont volatils et les devises instables, l'or offre une stabilité et une protection inégalées. C'est une valeur refuge qui conserve sa valeur à travers les crises économiques, les bouleversements politiques et les fluctuations monétaires.

En choisissant d'investir dans l'or, vous ouvrez la porte à un monde d'opportunités. La diversification de votre portefeuille avec de l'or peut réduire les risques et atténuer les effets des fluctuations des marchés traditionnels. Vous pouvez profiter des avantages d'un actif non corrélé aux actions et obligations, ce qui protège votre patrimoine.

Mais l'or offre également des perspectives de croissance. En analysant les tendances du marché, en suivant les indicateurs économiques et en comprenant les forces qui influencent le prix de l'or, vous pouvez faire des plus-value. Que vous choisissiez d'investir dans l'or physique, les fonds d'or ou les actions minières aurifères, il existe différentes voies pour capitaliser sur la hausse de la valeur de l'or.

Cependant, n'oubliez pas que l'investissement dans l'or nécessite une approche réfléchie et informée. Faites vos propres recherches, consultez des sources fiables, et n'hésitez pas à vous faire accompagner par des experts du domaine. Comprenez les risques et les avantages associés à chaque type d'investissement dans l'or, et adaptez votre stratégie en fonction de vos objectifs et de votre profil d'investisseur.

L'or est bien plus qu'un simple métal précieux. C'est un puissant outil financier qui peut vous aider à atteindre vos objectifs et à sécuriser votre avenir financier. Que vous cherchiez à protéger votre patrimoine, à diversifier vos investissements ou à capitaliser sur les opportunités de croissance, il jouera, j'en suis sûr, un rôle clé dans votre portefeuille.

Alors, ne tardez pas. Passez à l'action et plongez dans le monde de l'or !

Pour approfondir vos connaissances et découvrir des stratégies éprouvées pour réussir en investissement, je vous invite à explorer mes autres ouvrages.

Ils vous fourniront des conseils précieux et des astuces incontournables pour maximiser vos gains tout en maintenant une rentabilité saine.

Ne manquez pas cette occasion d'élargir vos compétences en investissement et de propulser votre parcours financier à un niveau supérieur !

SOURCES

LIVRES

- Colleu, Y. (2014). *Investir dans les métaux précieux : Le guide pratique complet*. Editions Eyrolles.

- Leconte, P. (2012). *Guide de l'Investissement en or et autres métaux précieux.*

- Herlin, P. (2012). *L'or, un placement d'avenir : Guide pratique : comment acheter et gérer de l'or*. Editions Eyrolles.

- Perrin, N. (2018). Investir sur le marché de l'or : Comprendre pour agir. Arnaud Franel Editions.

- Hagstrom, R. G. (2013). *The Warren Buffett Way*. Wiley.

- Graham, B., & Zweig, J. (2023). *The Intelligent Investor Rev Ed. : The Definitive Book on Value Investing*. Generic.

- Lynch, P. (1999). *Et si vous en saviez assez pour gagner en bourse*. VALOR.

- Lynch, P., & Rothchild, J. (2012). *Beating the Street*. Simon & Schuster.

- Fisher, P. A. (2000). *Actions ordinaires et profits extraordinaires*. Valor.

- Horny, G. (2022). *Je me mets à la bourse pour les Nuls*. FIRST.

SITES

Précision importante

Il convient de souligner que les sites mentionnés sont fournis à titre indicatif uniquement et ne constituent en aucun cas des conseils en investissement. Il est important de noter que ces liens ne sont pas des liens d'affiliation et ne génèrent aucune rémunération pour l'auteur ou l'éditeur.

Organismes officiels :

- Site officiel du gouvernement français sur l'économie: https://www.economie.gouv.fr/

- Site officiel des Finances Publiques (BOI) : https://bofip.impots.gouv.fr/

- Site officiel de l'Autorité des Marchés Financiers (AMF) : www.amf-france.org/fr

- Suisse : Autorité fédérale de surveillance des marchés financiers (FINMA) : www.finma.ch/fr/

- Belgique : Autorité des services et marchés financiers (FSMA) : www.fsma.be/fr

- Canada : Autorité des marchés financiers (AMF) : https://lautorite.qc.ca/grand-public

- Luxembourg : Commission de Surveillance du Secteur Financier (CSSF) : www.cssf.lu/fr/

Autres sites :

- Google Finance : www.google.com/finance/?hl=fr

- Yahoo Finance : https://fr.finance.yahoo.com/
- S&P Global Ratings : www.spglobal.com/ratings/en/index
- Motley Fool : www.fool.com/
- Seeking Alpha : https://seekingalpha.com/
- Forbes Investing : www.forbes.com/investing/
- Investing.com : www.investing.com
- Bloomberg : www.bloomberg.com/markets
- Morning Star : www.morningstar.fr/fr/
- Zone Bourse : www.zonebourse.com
- Trustpilot : https://fr.trustpilot.com/

IMAGES

- www.freepik.com